岩手県交通の車両たち

text&photo ■編集部（2020年10月1日現在）

360（BYD K9）
18・19式の2台が活躍している電気バス。"0-EMISSION"マークは1台ずつ異なっている。
（写真1）

岩手県交通の車両の概要

岩手県交通の2020年10月1日現在の保有車両数は、乗合454台（高速車39台含む）、貸切25台で、計479台となっている。メーカー別に見ると、いすゞ359台、三菱ふそう62台、日野41台、日産ディーゼル15台、中国BYD2台の順で、国際興業の傘下にあった13年までいすゞ車にほぼ統一されており、国際東北グループの1社となった現在もいすゞ車がおよそ8割を占めている。

●一般路線車

大型車はホイールベース5000mmのいすゞBU・CLM・CLAおよびホイールベース4300mmのECMを新製。前中引戸が標準仕様だったが、CLA・ECMはトップドアで導入された。82年式を最後に大型車の新製を中止。長期にわたり中古購入のみで賄ってきた。しかし、14年にいすゞエルガワンステップバス1台を新車購入。18年と19年に中国B

岩手県交通の車両たち

1889（いすゞQPG-LV234N3）
一般路線車は02年から国際興業
カラーを採用。同社の塗色変更
に合わせ緑が蛍光色となった。
（2）

406（いすゞKL-LV280L1）
19年に登場した現行デザイン。
窓の上下のラインは当初のシル
バーからグレーに変更された。
（3）

86（いすゞKL-LV280L1）
76〜01年に採用されていたオリ
ジナルデザイン。16年に移籍し
た2台に復刻塗装されている。
（4）

YDの電気バスを1台ずつ新製した。

　中型車はいすゞCCM・CDM・LRを新製。ホイールベース3700mmクラスの短尺タイプも採用していたことが特徴である。こちらも03年式を最後に新製を中止。中古購入によって賄っている。

　中古購入車は国際興業からの移籍組が一大勢力で、他も東京都交通局・神奈川中央交通・相鉄バスなど首都圏出身のものが多い。13年以降はいすゞ以外の車種も購入するようになった。

　閑散路線用の小型車としていすゞジャーニー（BE・DBR・MR）を導入。99年にはいすゞエルフをベースに西工が開発したワンステップのジャーニーE（プレビス）を数多く採用した。また02・03年には三菱エアロミディMEを導入している。86年に遠野エリアを分社化した早池峰バスでは、いすゞ製の中型車・小型車が主力として活躍。

357（日野KL-HR1JNEE）
盛岡都心循環バス「でんでんむし」。一般公募で決定したデザインの車両9台で運行される。（5）

32（三菱KL-MP35JM）
平泉の観光スポットを巡回する「るんるん」。「わんこきょうだい」が描かれた専用車は3台。（6）

2028（日野SKG-HX9JLBE）
カッパと宮守がね橋があしらわれた遠野営業所のデザイン。早池峰バスが15年に導入した。（7）

2225（日野2DG-HX9JLCE）
コミュニティバスの運行も受託する岩手県交通。北上市「おに丸号」は2台で2路線を担当。（8）

しかし、15年から日野ポンチョを採用し、17年に岩手県交通に統合したあとも遠野にはポンチョを新製している。なお、ポンチョは花巻市と北上市のコミュニティバスでも使用されている。

●高速車

夜行高速車は中央トイレつき独立3列シート29人乗りのいすゞガーラ。00年代までスーパーハイデッカーを採用していたが、10年代の新車はハイデッカーとなっている。一部を中古購入で賄っており、日野セレガも在籍する。

昼行高速車としてはトイレなし60人乗りのいすゞガーラを新製。19年には日野セレガも加わった。こちらも中古購入を行っており、日産ディーゼルスペースアローや三菱エアロバス・エアロエースも活躍している。これら移籍車の一部は後部トイレつきだが、トイレは締め切りにして運用している。ま

岩手県交通の車両たち

2231 （いすゞ2RG-RU1ESDJ）
独立3列シートの夜行高速車。
貸切カラーの窓下のラインをア
レンジしたデザインをまとう。
（9）

2160 （日野2TG-RU1ASDA）
貸切車は80年代から国際興業グ
ループカラーを採用。18年に初
めて日野セレガが導入された。
（10）

た盛岡・一関と三陸地方などを結ぶ長
距離バスおよび花巻空港連絡バスにも
同じタイプの車両を使用。一部区間で
高速道路を経由するものもあり、本書
ではこれらを高速車に含めている。

●貸切車

　貸切車は汎用タイプの60人乗りハイ
デッカー。17年までいすゞガーラのみ
新製していたが、18年に日野セレガを
導入している。やはり中古購入を行っ

ており、三菱エアロバス・エアロエー
スも転入。また大型9mタイプのセレ
ガ・エアロバスが1台ずつ在籍する。

●社番解説

　岩手県交通では登録番号を社番とし
ているが、岩手ナンバーに統一されて
いたため、一部の小型車以外の番号は
重複しなかった。しかし、宮城営業所
の開設と盛岡・平泉ナンバーの交付開
始により、今後は重複が予想される。

27（いすゞKC-NPR71LZ）　　　　(11)

14（いすゞKK-SBHW41）　　　　(12)

1145（いすゞKC-LR333F）　　　　(13)

1161（いすゞKC-LR333J）　　　　(14)

1515（いすゞKC-LR333J）　　　　(15)

1717（いすゞKC-LR333J）　　　　(16)

1651（いすゞKC-LR333J）　　　　(17)

1745（いすゞKC-LR333J）　　　　(18)

302 (いすゞKK-LR233E1) (19)

277 (いすゞKK-LR233F1) (20)

712 (いすゞKK-LR233F1) (21)

1882 (いすゞKK-LR333J1) (22)

2102 (いすゞKK-LR233J1) (23)

416 (いすゞKK-LR233J1) (24)

31 (いすゞKK-LR233J1) (25)

2002 (いすゞKK-LR233J1) (26)

332（いすゞKK-LR233J1） (27)

1087（いすゞPA-LR234J1） (28)

801（いすゞU-LV324K） (29)

858（いすゞU-LV324K） (30)

941（いすゞU-LV324L） (31)

1354（いすゞKC-LV380L） (32)

1392（いすゞKC-LV380L） (33)

1866（いすゞKC-LV380L） (34)

1700（いすゞKC-LV380L） (35)

1862（いすゞKC-LV380L） (36)

1869（いすゞKC-LV380L） (37)

1956（いすゞKC-LV280L） (38)

79（いすゞKC-LV380N） (39)

1583（いすゞKC-LV280N） (40)

105（いすゞKL-LV834L1） (41)

20（いすゞKL-LV380L1） (42)

51（いすゞKL-LV380L1）　　　（43）

88（いすゞKL-LV380L1）　　　（44）

2031（いすゞKL-LV280L1）　　（45）

2104（いすゞKL-LV280L1）　　（46）

161（いすゞKL-LV280L1）　　　（47）

377（いすゞKL-LV280L1）　　　（48）

1978（いすゞKL-LV280L1）　　（49）

174（いすゞKL-LV280L1）　　　（50）

352（いすゞKL-LV280L1）　　　(51)

53（いすゞKL-LV280L1）　　　(52)

177（いすゞKL-LV280L1）　　　(53)

218（いすゞPJ-LV234L1）　　　(54)

233（いすゞPJ-LV234L1）　　　(55)

310（いすゞPJ-LV234L1）　　　(56)

400（いすゞPJ-LV234N1）　　　(57)

1671（いすゞKC-LV781R1）　　　(58)

2073（いすゞKL-LV781R2） （59）

2825（いすゞKL-LV781R2） （60）

2208（いすゞKL-LV781R2） （61）

2117（いすゞKL-LV774R2） （62）

2219（いすゞKL-LV774R2） （63）

141（いすゞADG-RU1ESAJ） （64）

2025（いすゞPKG-RU1ESAJ） （65）

2228（いすゞPKG-RU1ESAJ） （66）

411 （いすゞPKG-RU1ESAJ）　(67)

1720 （いすゞPKG-RU1ESAJ）　(68)

1691 （いすゞQPG-RU1ESBJ）　(69)

82 （いすゞQPG-RU1ESBJ）　(70)

1996 （いすゞQRG-RU1ASCJ）　(71)

27 （いすゞQTG-RU1ASCJ）　(72)

225 （いすゞ2TG-RU1ASDJ）　(73)

311 （いすゞ2TG-RU1ASDJ）　(74)

1315（日デKC-RN210CSN） (75)

1833（日デKC-RM211GSN） (76)

1416（日デKC-JP250NTN） (77)

1420（日デKC-JP250NTN） (78)

1962（日デKL-JP252NAN） (79)

382（日デKL-JP252NAN） (80)

1659（日デKC-UA460HAN） (81)

1831（日デKC-UA460LSN） (82)

1972 （日デKL-RP252GAN） (83)

1783 （日デKL-UA452KAN） (84)

1744 （日デKL-RA552RBN） (85)

9 （日野KK-RX4JFEA） (86)

1898 （日野KC-RJ1JJCK） (87)

113 （日野KK-RJ1JJGA） (88)

1969 （日野KK-HR1JEEE） (89)

251 （日野KK-HR1JKEE） (90)

50（日野KL-HR1JNEE） (91)

371（日野KL-HR1JNEE） (92)

126（日野PK-HR7JPAE） (93)

1767（日野KC-HT2MMCA） (94)

55（日野KC-HU2MMCA） (95)

392（日野KL-KV280L1） (96)

2357（日野KC-RU1JHCB） (97)

16（日野KL-RU4FSEA） (98)

2155（日野KL-RU4FSEA）　　(99)

2238（日野ADG-RU1ESAA）　　(100)

1513（日野PKG-RU1ESAA）　　(101)

2108（日野PKG-RU1ESAA）　　(102)

353（日野2TG-RU1ASDA）　　(103)

57（三菱KK-ME17DF）　　(104)

714（三菱KK-ME17DF）　　(105)

1702（三菱U-MK218J）　　(106)

1627（三菱KC-MK219J） （107）

2018（三菱KK-MK23HJ） （108）

180（三菱KK-MK25HJ） （109）

76（三菱KC-MP317M） （110）

1586（三菱KC-MP747K） （111）

1781（三菱KC-MP747K） （112）

1828（三菱KL-MP337M） （113）

1983（三菱KL-MP33JM） （114）

198（三菱KL-MP37JK） ⁽¹¹⁵⁾

273（三菱KL-MP37JM） ⁽¹¹⁶⁾

404（三菱PJ-MP35JM） ⁽¹¹⁷⁾

295（三菱PJ-MP37JK） ⁽¹¹⁸⁾

271（三菱PJ-MP37JM） ⁽¹¹⁹⁾

1727（三菱KC-MS829P） ⁽¹²⁰⁾

159（三菱KK-MM86FH） ⁽¹²¹⁾

74（三菱KL-MS86MS） ⁽¹²²⁾

1755（三菱KL-MS86MP） （123）

1961（三菱KL-MS86MP） （124）

59（三菱KL-MS86MP） （125）

109（三菱KL-MS86MP） （126）

2763（三菱KL-MS86MP） （127）

2152（三菱KL-MS86MP） （128）

2050（三菱KL-MS86MP） （129）

144（三菱PJ-MS86JP） （130）

51（三菱PJ-MS86JP）　　（131）

2210（三菱BKG-MS96JP）　（132）

100（三菱BKG-MS96JP）　（133）

296（三菱BKG-MS96JP）　（134）

営業所別・車種別車両数

車種 / 営業所	いすゞ			日産ディーゼル		日　　野			三菱ふそう			BYD	合計
	乗合	高速	貸切	乗合	高速	乗合	高速	貸切	乗合	高速	貸切	乗合	
雫石営業所	12			1					4				17
滝沢営業所	49			2		2			5				58
巣子車庫	18			1					1				20
松園営業所	63	1		1		9			4				78
都南営業所	21			1		5			4				31
矢巾営業所	27	4	3	1			1		2	1	4	2	45
紫波営業所	19			1		2			4				26
花巻営業所	15	5		3		1	1		4	1			30
遠野営業所	2					6							8
北上営業所	16	2	3	1		2	1	1	3		1		30
湯本バスターミナル	5								1				6
胆江営業所	21	2				3		1	2	1			30
一関営業所	18		2			2			3		3		28
千厩バスターミナル	8									3			11
宮城営業所			3				1				1		5
釜石営業所	19	5		1			2		3		1		31
大船渡営業所	11	5		1	1		1		3	2	1		25
合　　計	324	24	11	14	1	32	6	3	43	8	11	2	479

現有車両一覧表

ISUZU

KC-NPR71LZ(西工)
18 岩200 あ 18 98 胆○
26 岩200 あ 26 99 胆○
27 岩200 あ 27 99 胆○

KK-SBHW41(日産)
14 平200 あ 14 01 胆○

KC-LR333F(いすゞ)
1145 岩 22 き 1145 97 花○
1155 岩 22 き 1155 97 胆○
1260 岩 22 き 1260 98 釜○

KC-LR333J(いすゞ)
1322 岩200 か 1322 (96) 北○
1103 岩200 か 1103 (97) 一○
1145 岩200 か 1145 (97) 胆○
1161 岩200 か 1161 (97) 北○
1162 岩200 か 1162 (97) 釜○
1171 岩200 か 1171 (97) 一○
1177 岩200 か 1177 (97) 大○
1184 岩200 か 1184 (97) 大○
1421 岩200 か 1421 (97) 胆○
1447 岩200 か 1447 (97) 釜○
1454 岩200 か 1454 (97) 一○
1456 岩200 か 1456 (97) 滝○
1475 岩200 か 1475 (97) 紫○
1477 岩200 か 1477 (97) 北○
1478 岩200 か 1478 (97) 胆○
1489 岩200 か 1489 (97) 花○
1490 岩200 か 1490 (97) 紫○
1493 岩200 か 1493 (97) 釜○
1496 岩200 か 1496 (97) 一○
1505 岩200 か 1505 (97) 滝○
1507 岩200 か 1507 (97) 雫○
1515 岩200 か 1515 (97) 釜○
1516 岩200 か 1516 (97) 胆○
1705 岩200 か 1705 (98) 千○
1717 岩200 か 1717 (98) 紫○
1633 岩200 か 1633 (99) 紫○
1646 岩200 か 1646 (99) 雫○
1651 岩200 か 1651 (99) 紫○
1745 岩200 か 1745 (99) 花○

KK-LR233E1(いすゞ)
302 岩200 か 302 (01) 遠○

KK-LR233F1(いすゞ)
179 岩200 か 179 00 胆○
188 岩200 か 188 00 都○
275 岩200 か 275 01 北○
276 岩200 か 276 01 胆○
277 岩200 か 277 01 胆○
280 岩200 か 280 01 千○
417 岩200 か 417 02 花○
419 岩200 か 419 02 胆○
420 岩200 か 420 02 千○
421 岩200 か 421 02 釜○
422 岩200 か 422 02 釜○
437 岩200 か 437 02 都○
446 岩200 か 446 (02) 遠○
923 岩200 か 923 (02) 釜○
558 岩200 か 558 02 矢○
711 岩200 か 711 03 滝○
712 岩200 か 712 03 巣○
713 岩200 か 713 03 滝○

KK-LR333J1(いすゞ)
1882 岩200 か 1882 (99) 北○
1886 岩200 か 1886 (99) 大○

KK-LR233J1(いすゞ)
2102 岩200 か 2102 (00) 湯○
413 岩200 か 413 02 矢○
414 岩200 か 414 02 矢○
415 岩200 か 415 02 紫○
416 岩200 か 416 02 紫○
22 盛200 か 22 (02) 都○
31 盛200 か 31 (02) 松○
270 盛200 か 270 (02) 松○
1987 岩200 か 1987 (02) 花○
2002 岩200 か 2002 (02) 釜○
594 岩200 か 594 03 矢○
636 岩200 か 636 03 矢○
639 岩200 か 639 03 紫○
640 岩200 か 640 03 紫○
11 平200 か 11 (03) 胆○
12 平200 か 12 (03) 一○
309 盛200 か 309 (03) 松○
327 盛200 か 327 (03) 松○
332 盛200 か 332 (03) 松○
334 盛200 か 334 (03) 松○
1997 岩200 か 1997 (03) 北○
2196 岩200 か 2196 (03) 大○

PA-LR234J1(JBUS)
2062 岩200 か 2062 (04) 釜○
1087 岩200 か 1087 06 都○

U-LV324K(IKC)
801 岩200 か 801 (92) 滝○
910 岩200 か 910 (92) 松○
912 岩200 か 912 (92) 矢○
962 岩200 か 962 (92) 北○
822 岩200 か 822 (93) 都○
847 岩200 か 847 (93) 滝○
858 岩200 か 858 (93) 松○
861 岩200 か 861 (93) 松○
867 岩200 か 867 (93) 滝○
932 岩200 か 932 (93) 松○
933 岩200 か 933 (93) 松○
935 岩200 か 935 (93) 滝○

936 岩200か 936 (93) 滝○
937 岩200か 937 (93) 滝○
938 岩200か 938 (93) 滝○
939 岩200か 939 (93) 松○
991 岩200か 991 (93) 一○
992 岩200か 992 (93) 花○
1006 岩200か1006 (93) 釜○
1012 岩200か1012 (93) 矢○
1154 岩200か1154 (93) 一○
1188 岩200か1188 (93) 湯○
1190 岩200か1190 (93) 都○
1014 岩200か1014 (94) 北○
1039 岩200か1039 (94) 紫○
1041 岩200か1041 (94) 都○
1044 岩200か1044 (94) 一○
1065 岩200か1065 (94) 松○
1066 岩200か1066 (94) 滝○
1067 岩200か1067 (94) 滝○
1068 岩200か1068 (94) 滝○
1069 岩200か1069 (94) 松○
1071 岩200か1071 (94) 松○
1072 岩200か1072 (94) 滝○
1073 岩200か1073 (94) 滝○
1077 岩200か1077 (94) 滝○
1078 岩200か1078 (94) 滝○
1080 岩200か1080 (94) 松○
1091 岩200か1091 (94) 松○
1093 岩200か1093 (94) 松○
1095 岩200か1095 (94) 松○
1097 岩200か1097 (94) 松○
1099 岩200か1099 (94) 滝○
1189 岩200か1189 (94) 矢○
1193 岩200か1193 (94) 滝○
1194 岩200か1194 (94) 滝○
1210 岩200か1210 (94) 滝○
1168 岩200か1168 (95) 松○
1178 岩200か1178 (95) 松○
1183 岩200か1183 (95) 松○
1200 岩200か1200 (95) 紫○
1202 岩200か1202 (95) 花○

1203 岩200か1203 (95) 胆○
1204 岩200か1204 (95) 胆○
1206 岩200か1206 (95) 北○
1260 岩200か1260 (95) 一○
1274 岩200か1274 (95) 都○
1276 岩200か1276 (95) 北○
1279 岩200か1279 (95) 一○
1285 岩200か1285 (95) 湯○
1289 岩200か1289 (95) 都○
1298 岩200か1298 (95) 松○
1299 岩200か1299 (95) 滝○
1300 岩200か1300 (95) 滝○
1303 岩200か1303 (95) 花○
1304 岩200か1304 (95) 花○
1310 岩200か1310 (95) 紫○
1312 岩200か1312 (95) 松○

U-LV324L(IKC)
941 岩200か 941 (93) 滝○
943 岩200か 943 (93) 滝○
944 岩200か 944 (93) 滝○
963 岩200か 963 (93) 都○

KC-LV380L(いすゞ)
1330 岩200か1330 (96) 矢○
1331 岩200か1331 (96) 松○
1332 岩200か1332 (96) 滝○
1334 岩200か1334 (96) 矢○
1337 岩200か1337 (96) 滝○
1338 岩200か1338 (96) 松○
1341 岩200か1341 (96) 胆○
1344 岩200か1344 (96) 矢○
1345 岩200か1345 (96) 矢○
1348 岩200か1348 (96) 紫○
1350 岩200か1350 (96) 北○
1353 岩200か1353 (96) 巣○
1354 岩200か1354 (96) 巣○
1358 岩200か1358 (96) 巣○
1359 岩200か1359 (96) 巣○
1360 岩200か1360 (96) 巣○

1363 岩200か1363 (96) 巣○
1382 岩200か1382 (96) 都○
1384 岩200か1384 (96) 松○
1391 岩200か1391 (96) 都○
1392 岩200か1392 (96) 北○
1413 岩200か1413 (96) 湯○
1546 岩200か1546 (96) 紫○
1548 岩200か1548 (96) 矢○
1551 岩200か1551 (96) 釜○
1553 岩200か1553 (96) 大○
1554 岩200か1554 (96) 大○
1555 岩200か1555 (96) 釜○
1568 岩200か1568 (96) 大○
1840 岩200か1840 (96) 雫○
1904 岩200か1904 (96) 湯○
1909 岩200か1909 (96) 紫○
1910 岩200か1910 (96) 矢○
1920 岩200か1920 (96) 雫○
1932 岩200か1932 (96) 都○
1935 岩200か1935 (96) 滝○
1866 岩200か1866 (99) 花○

KC-LV380L(富士)
1700 岩200か1700 (98) 松○
1862 岩200か1862 (00) 松○
1863 岩200か1863 (00) 雫○
1869 岩200か1869 (00) 胆○

KC-LV280L(いすゞ)
1956 岩200か1956 (98) 巣○

KC-LV380N(いすゞ)
91 盛200か 91 (98) 松○
79 盛200か 79 (99) 巣○

KC-LV280N(いすゞ)
1557 岩200か1557 (98) 千○
1583 岩200か1583 (98) 雫○
1585 岩200か1585 (98) 大○
1588 岩200か1588 (98) 一○

1867 岩200か1867 (98) 釜○

KL-LV834L1(いすゞ)
25 平200か 25 (01) 千○
104 盛200か 104 (01) 滝○
105 盛200か 105 (01) 松○
123 盛200か 123 (01) 都○
2047 岩200か2047 (01) 北○
2057 岩200か2057 (01) 花○

KL-LV380L1(富士)
20 平200か 20 (01) 胆○
51 盛200か 51 (01) 巣○
54 盛200か 54 (01) 矢○
58 盛200か 58 (01) 松○
68 盛200か 68 (01) 滝○
88 盛200か 88 (01) 矢○

KL-LV280L1(いすゞ/JBUS)
39 平200か 39 (02) 胆○
165 盛200か 165 (02) 滝○
166 盛200か 166 (02) 滝○
170 盛200か 170 (02) 都○
2026 岩200か2026 (02) 雫○
2029 岩200か2029 (02) 大○
2030 岩200か2030 (02) 釜○
2031 岩200か2031 (02) 北○
2072 岩200か2072 (02) 北○
2104 岩200か2104 (02) 雫○
46 平200か 46 (03) 一○
71 盛200か 71 (03) 巣○
74 盛200か 74 (03) 巣○
75 盛200か 75 (03) 松○
81 盛200か 81 (03) 松○
83 盛200か 83 (03) 矢○
145 盛200か 145 (03) 松○
148 盛200か 148 (03) 都○
152 盛200か 152 (03) 松○
157 盛200か 157 (03) 矢○
160 盛200か 160 (03) 矢○

161 盛200か 161 (03) 巣○
168 盛200か 168 (03) 松○
169 盛200か 169 (03) 松○
335 盛200か 335 (03) 紫○
345 盛200か 345 (03) 松○
377 盛200か 377 (03) 松○
406 盛200か 406 (03) 滝○
1978 岩200か1978 (03) 釜○
2024 岩200か2024 (03) 花○
2085 岩200か2085 (03) 釜○
2091 岩200か2091 (03) 花○
2097 岩200か2097 (03) 北○
81 平200か 81 (04) 千○
172 盛200か 172 (04) 松○
174 盛200か 174 (04) 松○
175 盛200か 175 (04) 滝○
246 盛200か 246 (04) 松○
252 盛200か 252 (04) 矢○
261 盛200か 261 (04) 都○
268 盛200か 268 (04) 松○
347 盛200か 347 (04) 矢○
351 盛200か 351 (04) 松○
352 盛200か 352 (04) 矢○
2213 岩200か2213 (04) 花○
2214 岩200か2214 (04) 釜○
68 平200か 68 (05) 一○
75 平200か 75 (05) 一○
76 平200か 76 (05) 千○
204 盛200か 204 (05) 矢○
209 盛200か 209 (05) 滝○
210 盛200か 210 (05) 巣○
212 盛200か 212 (05) 松○
234 盛200か 234 (05) 滝○
247 盛200か 247 (05) 滝○
248 盛200か 248 (05) 矢○
250 盛200か 250 (05) 都○
290 盛200か 290 (05) 滝○
292 盛200か 292 (05) 巣○
2173 岩200か2173 (05) 花○

KL-LV280L1(富士)
30 盛200か 30 (01) 松○
31 平200か 31 (01) 一○
35 平200か 35 (01) 松○
53 平200か 53 (01) 一○
178 盛200か 178 (01) 松○
58 平200か 58 (02) 千○
60 平200か 60 (02) 一○
86 盛200か 86 (02) 紫○
177 盛200か 177 (02) 滝○
240 盛200か 240 (03) 滝○
260 盛200か 260 (03) 巣○

PJ-LV234L1(JBUS)
66 平200か 66 (05) 胆○
93 平200か 93 (05) 一○
181 盛200か 181 (05) 松○
182 盛200か 182 (05) 紫○
190 盛200か 190 (05) 滝○
192 盛200か 192 (05) 滝○
193 盛200か 193 (05) 松○
199 盛200か 199 (05) 松○
211 盛200か 211 (05) 松○
217 盛200か 217 (05) 松○
218 盛200か 218 (05) 松○
223 盛200か 223 (05) 都○
226 盛200か 226 (05) 松○
227 盛200か 227 (05) 滝○
233 盛200か 233 (05) 滝○
238 盛200か 238 (05) 紫○
245 盛200か 245 (05) 巣○
293 盛200か 293 (05) 松○
310 盛200か 310 (05) 松○
316 盛200か 316 (05) 松○
318 盛200か 318 (05) 都○
319 盛200か 319 (05) 滝○
328 盛200か 328 (05) 矢○
378 盛200か 378 (05) 矢○
2139 岩200か2139 (05) 釜○
2147 岩200か2147 (05) 雫○

2184 岩200か2184 (05) 大○
2200 岩200か2200 (05) 雫○
2203 岩200か2203 (05) 雫○

PJ-LV234N1(JBUS)
390 盛200か 390 (05) 松○
393 盛200か 393 (05) 都○
394 盛200か 394 (05) 滝○
399 盛200か 399 (05) 巣○
400 盛200か 400 (05) 松○
401 盛200か 401 (05) 松○
2258 岩200か2258 (05) 大○
391 盛200か 391 (06) 滝○

QPG-LV234N3(JBUS)
1889 岩200か1889 14 矢○

KC-LV781R1(いすゞ)
1671 岩200か1671 (99) 釜○
1695 岩200か1695 (99) 大○
1675 岩200か1675 (00) 雫○

KL-LV781R2(いすゞ/JBUS)
1761 岩200か1761 (01) 花◎
2073 岩200か2073 (01) 大◎
64 平200か 64 (02) 胆◎
1986 岩200か1986 (02) 大◎
2080 岩200か2080 (03) 釜◎
2110 岩200か2110 (03) 花◎
2825 宮200か2825 (03) 宮□
2176 岩200か2176 (05) 大◎
2208 岩200か2208 (05) 大◎

KL-LV774R2(JBUS)
34 平200か 34 (05) 胆○
156 盛200か 156 (05) 矢○
2066 岩200か2066 (05) 花○
2117 岩200か2117 (05) 北□
2219 岩200か2219 (05) 花◎

ADG-RU1ESAJ(JBUS)
141 盛200か 141 (05) 矢□

PKG-RU1ESAJ(JBUS)
2025 岩200か2025 (06) 釜◎
2228 岩200か2228 (06) 北◎
2922 宮200か2922 (06) 宮□
1838 岩200か1838 07 釜◎
411 盛200か 411 (08) 矢◎
1720 岩200か1720 (08) 北◎

QPG-RU1ESBJ(JBUS)
1691 岩200か1691 12 矢□
82 盛200か 82 14 松□

QRG-RU1ASCJ(JBUS)
1996 岩200か1996 15 北□

QTG-RU1ASCJ(JBUS)
27 平200か 27 16 一□
2657 宮200か2657 17 宮□

2TG-RU1ASDJ(JBUS)
69 平200か 69 18 一□
225 盛200か 225 18 矢◎
258 盛200か 258 18 矢◎
311 盛200か 311 19 矢□
2189 岩200か2189 19 花◎

2RG-RU1ESDJ(JBUS)
2124 岩200か2124 18 北◎
2231 岩200か2231 19 釜◎

NISSAN DIESEL

KC-RN210CSN(富士)
1305 岩200か1305 (97) 松○
1315 岩200か1315 (97) 北○

KC-RM211GSN(富士)

1833 岩200か1833 (98) 都○

KC-JP250NTN(富士)
1416 岩200か1416 (97) 花○

KC-JP250NTN(西工)
1415 岩200か1415 (97) 花○
1420 岩200か1420 (97) 花○

KL-JP252NAN(西工)
1962 岩200か1962 (02) 巣○
382 盛200か 382 (03) 紫○

KC-UA460HAN(富士)
1659 岩200か1659 (99) 滝○
1662 岩200か1662 (99) 釜○
1663 岩200か1663 (99) 滝○

KC-UA460LSN(富士)
1831 岩200か1831 (97) 雫○

KL-RP252GAN(富士)
1972 岩200か1972 (01) 大○

KL-UA452KAN(富士)
1783 岩200か1783 (02) 矢○

KL-RA552RBN(富士)
1744 岩200か1744 (01) 大◎

HINO

KK-RX4JFEA(日野)
9 平200あ 9 (00) 胆○
13 平200あ 13 (00) 胆○

BDG-HX6JLAE(JBUS)
2960 岩230あ2960 09 花○

SKG-HX9JLBE(JBUS)

2028 岩 200 か 2028　15　遠○
2111 岩 200 か 2111　17　遠○

2DG-HX9JLCE（JBUS）

2148 岩 200 か 2148　18　遠○
2204 岩 200 か 2204　19　遠○
2224 岩 200 か 2224　19　北○
2225 岩 200 か 2225　19　北○
2257 岩 200 か 2257　20　遠○

KC-RJ1JJCK（日野）

1898 岩 200 か 1898　(97)　一○

KK-RJ1JJGA（日野）

113 盛 200 か　113　(00)　松○

KK-HR1JEEE（日野）

1969 岩 200 か 1969　(02)　胆○

KK-HR1JKEE（日野）

251 盛 200 か　251　(03)　紫○
256 盛 200 か　256　(03)　松○

KL-HR1JNEE（日野/JBUS）

50 盛 200 か　50　(01)　松○
43 盛 200 か　43　(02)　松○
44 盛 200 か　44　(02)　都○
95 盛 200 か　95　(02)　松○
106 盛 200 か　106　(03)　松○
132 盛 200 か　132　(03)　都○
133 盛 200 か　133　(03)　松○
371 盛 200 か　371　(03)　都○
2244 岩 200 か 2244　(03)　遠○
357 盛 200 か　357　(04)　松○

PK-HR7JPAE（JBUS）

126 盛 200 か　126　(04)　松○
135 盛 200 か　135　(04)　滝○
72 平 200 か　72　(05)　一○
326 盛 200 か　326　(06)　都○

KC-HT2MMCA（日野）

1767 岩 200 か 1767　(98)　滝○

KC-HU2MMCA（西工）

55 盛 200 か　55　(99)　都○

KL-KV280L1（いすゞ）

392 盛 200 か　392　(04)　紫○

KC-RU1JHCB（日野）

2357 宮 200 か 2357　(00)　宮□

KL-RU4FSEA（日野/JBUS）

16 平 200 か　16　(01)　胆□
2155 岩 200 か 2155　(04)　釜◎

ADG-RU1ESAA（JBUS）

2238 岩 200 か 2238　(06)　大◎

PKG-RU1ESAA（JBUS）

1513 岩 200 か 1513　(06)　北○
2108 岩 200 か 2108　(07)　釜◎

2TG-RU1ASDA（JBUS）

2160 岩 200 か 2160　18　北□
353 盛 200 か　353　19　矢◎
2171 岩 200 か 2171　19　花◎

MITSUBISHI FUSO

KK-ME17DF（MBM/MFBM）

552 岩 200 か 552　02　釜○
554 岩 200 か 554　02　都○
57 平 200 か　57　(03)　胆○
714 岩 200 か 714　03　都○

U-MK218J（呉羽）

1702 岩 200 か 1702　(93)　矢○

KC-MK219J（MBM）

1627 岩 200 か 1627　(99)　大○
1629 岩 200 か 1629　(99)　北○
1655 岩 200 か 1655　(99)　花○

KK-MK23HJ（MBM）

2018 岩 200 か 2018　(00)　北○

KK-MK25HJ（MBM）

180 盛 200 か　180　(02)　松○

KC-MP317M（MBM）

76 盛 200 か　76　(99)　紫○

KC-MP747K（MBM）

1586 岩 200 か 1586　(99)　釜○
1781 岩 200 か 1781　(99)　紫○

KL-MP337M（MBM）

1828 岩 200 か 1828　(00)　一○

KL-MP33JM（MBM）

18 平 200 か　18　(00)　一○
26 盛 200 か　26　(00)　滝○
1983 岩 200 か 1983　(00)　雫○
2022 岩 200 か 2022　(00)　雫○

KL-MP35JM（MBM/MFBM）

32 平 200 か　32　(01)　一○
2136 岩 200 か 2136　(01)　花○
191 盛 200 か　191　(02)　紫○
2113 岩 200 か 2113　(03)　花○

KL-MP37JK（MBM/MFBM）

198 盛 200 か　198　(02)　都○
266 盛 200 か　266　(04)　矢○
2164 岩 200 か 2164　(04)　花○
2168 岩 200 か 2168　(04)　北○

KL-MP37JM（MBM）

273 盛 200 か　273　(02)　都○

PJ-MP35JM(MFBM)			
89 平200か	89	(05)	胆○
362 盛200か	362	(05)	松○
364 盛200か	364	(05)	滝○
381 盛200か	381	(05)	紫○
403 盛200か	403	(05)	松○
404 盛200か	404	(05)	滝○
405 盛200か	405	(05)	松○
410 盛200か	410	(05)	滝○
2233 岩200か	2233	(05)	雫○
2235 岩200か	2235	(05)	釜○
2251 岩200か	2251	(05)	大○
2260 岩200か	2260	(05)	大○

PJ-MP37JK(MFBM)			
295 盛200か	295	(05)	滝○

PJ-MP37JM(MFBM)			
271 盛200か	271	(05)	巣○

KC-MS829P(MBM)			
1727 岩200か	1727	(98)	湯○

KK-MM86FH(MBM)			
159 盛200か	159	(02)	矢○

KL-MS86MS(MBM/MFBM)			
2035 岩200か	2035	(01)	花◎
74 平200か	74	(03)	千◎

KL-MS86MP(MBM/MFBM)			
1931 岩200か	1931	(00)	大◎
1755 岩200か	1755	(01)	雫◎
1938 岩200か	1938	(01)	大◎
1961 岩200か	1961	(01)	千◎
59 平200か	59	(02)	千◎
63 平200か	63	(03)	一□
109 盛200か	109	(03)	矢□
118 盛200か	118	(03)	矢□
2763 宮200か	2763	(03)	宮□

2152 岩200か	2152	(04)	大□
44 平200か	44	(05)	一□
2050 岩200か	2050	(05)	北□

PJ-MS86JP(MFBM)			
144 盛200か	144	(05)	矢□
51 平200か	51	(07)	一□

BKG-MS96JP(MFBM)			
2210 岩200か	2210	(07)	釜□
100 平200か	100	(08)	胆◎
296 盛200か	296	(08)	矢□

BYD

K9(BYD)			
288 盛200か	288	18	矢○
360 盛200か	360	19	矢○

●現有車両一覧表凡例

KC-LR333J　　（いすゞ）
①　　　　　　　②

1322　岩200か1322　（96）　北　○
③　　　④　　　　⑤　　⑥ ⑦

①車台型式（改は省略）
②ボディメーカー
③社番（登録番号）
④登録番号
　岩：岩手／盛：盛岡／平：平泉／宮
　：宮城
⑤年式（登録年西暦の下2桁）

（　）：移籍車の新製時の登録年
⑥所属営業所・車庫・バスターミナル
　雫：雫石／滝：滝沢／巣：巣子／松
　：松園／都：都南／矢：矢巾／紫：
　紫波／花：花巻／遠：遠野／北：北
　上／湯：湯本／胆：胆江／一：一関
　／千：千厩／宮：宮城／釜：釜石／
　大：大船渡
⑦用途
　○：一般路線車／◎：高速車／□：
　貸切車

現有車両車種別解説

ISUZU

●KC-NPR71LZ　　　　　（11）
　機関4HG1、軸距3425mmの小型リーフサス車。自社発注車。中折戸・銀枠引き違い窓のジャーニーEワンステップバスである。

●KK-SBHW41　　　　　（12）
　機関TD42、軸距3690mmの小型リー

フサス車。自社発注車。中折戸・銀枠引き違い窓のジャーニーツーステップバス。奥州市コミュニティバス「Zバス」に使用されている。

●KC-LR333F　　　　　　　　（13）

機関6HH1、軸距3750mmの短尺中型リーフサス車。自社発注車。前中引戸・銀枠２段窓のジャーニーKツーステップバス。冷房装置はゼクセル製で、側面表示器は中扉の後ろにある。

●KC-LR333J　　　　　　　（14～18）

機関6HH1、軸距4400mmの中型リーフサス車。1322は立川バスから移籍。前中引戸・黒枠２段窓のジャーニーKツーステップバス。冷房装置はゼクセル製で、側面表示器は中扉の後ろにある。1515・1516は国際興業から移籍。前中折戸・銀枠２段窓・中扉リフトつき（リフトは不使用）のジャーニーKツーステップバス。冷房装置はゼクセル製パッケージタイプで、側面表示器は中扉の前にある。1633・1646・1651は東京都交通局から移籍。前中４枚折戸・銀枠２段窓のジャーニーKらくらくステップバス（ワンステップベースのツーステップバス）。冷房装置はゼクセル製で、側面表示器は前扉の後ろにある。1745は千葉中央バスから移籍。前中引戸・銀枠２段窓のジャーニーKツーステップバス。冷房装置はゼクセル製で、側面表示器は中扉の後ろにある。他は国際興業から移籍。前中引戸・銀枠２段窓のジャーニーKワンステップバス。冷房装置はゼクセル製（98年式はパッケージタイプ）で、側面表示器は戸袋の前にある。

●KK-LR233E1　　　　　　　（19）

機関6HH1、軸距3400mmの７m尺中型エアサス車。早池峰バスから継承。前中折戸・黒枠逆T字型窓のエルガミ

オワンステップバス。冷房装置はゼクセル製で、側面表示器は中扉の前にある。

●KK-LR233F1　　　　　（20・21）

機関6HH1、軸距3750mmの短尺中型エアサス車。446・923は早池峰バスから継承し、他は自社発注車。前中引戸・黒枠逆T字型窓のエルガミオワンステップバス。冷房装置はゼクセル・サーモキング製（03年式は前寄りに搭載）で、側面表示器は中扉の後ろ。02年式から左最前部が固定窓、03年式は側窓がサッシレスとなっている。

●KK-LR333J1　　　　　　　（22）

機関6HH1、軸距4400mmの中型リーフサス車。川崎市交通局から移籍。前中４枚折戸・黒枠逆T字型窓のエルガミオワンステップバス。冷房装置はゼクセル製で、側面表示器は前扉の後ろにある。

●KK-LR233J1　　　　　（23～27）

機関6HH1、軸距4400mmの中型エアサス車。413～416・594・636・639・640は自社発注車。前中引戸・黒枠逆T字型窓のエルガミオワンステップバス。冷房装置はゼクセル・サーモキング製（03年式は前寄りに搭載）で、側面表示器は中扉の後ろ。03年式は側窓がサッシレスとなっている。2102は名古屋市交通局から移籍。前中引戸・黒枠逆T字型窓のエルガミオツーステップバス。冷房装置はゼクセル製ビルトインタイプで、側面表示器は前扉の後ろにある。2002は東急バスから移籍。前中引戸・黒枠逆T型窓のエルガミオノンステップバス。冷房装置はゼクセル製で、側面表示器は前扉の後ろにある。他は国際興業から移籍。前中引戸・黒枠逆T字型窓のエルガミオワンステップバス。冷房装置はゼクセル・サ

ーモキング製（03年式は前寄りに搭載）で、側面表示器は戸袋の前。03年式は側窓がサッシレスとなっている。

●PA-LR234J1 　　　　　(28)

　機関6HK1、軸距4400mmの中型エアサス車。1087は自社発注車。前中引戸・黒枠逆T字型窓のエルガミオノンステップバス。冷房装置はサーモキング製で、側面表示器は戸袋の前。盛岡市都心循環バス「でんでんむし」に使用されている。2062は川崎鶴見臨港バスから移籍。前中引戸・黒枠逆T字型窓のエルガミオノンステップバス。冷房装置はデンソー製で、側面表示器は戸袋の前にある。

●U-LV324K 　　　　　(29・30)

　機関6QB2、軸距4650mmの短尺大型リーフサス車。国際興業から移籍。801・910・912・962はショートフロントオーバーハング・前中引戸・銀枠2段窓のキュービックツーステップバス。冷房装置はゼクセル製ビルトインタイプで、側面表示器は戸袋の前にある。他はロングフロントオーバーハング・前中引戸・銀枠2段窓のキュービックツーステップバス。冷房装置はゼクセル製ビルトインタイプで、側面表示器は戸袋の前にある。

●U-LV324L 　　　　　(31)

　機関6QB2、軸距5000mmの中尺大型リーフサス車。国際興業から移籍。前中引戸・黒枠逆T字型窓のキュービックツーステップバス。冷房装置はゼクセル製ビルトインタイプで、側面表示器は戸袋の前にある。

●KC-LV380L 　　　　(32～37)

　機関8PE1、軸距4800mmの短尺大型リーフサス車。1392・1413は国際興業から移籍。前中折戸・銀枠2段窓・中扉リフトつき（リフトは不使用）のキュービックツーステップバス。冷房装置はゼクセル製ビルトインタイプで、側面表示器は中扉の前にある。1866は京成バスから移籍。前中4枚折戸・黒枠逆T字型窓のキュービックワンステップバス。冷房装置はゼクセル製で、側面表示器は中扉の前にある。1700は千葉中央バスから移籍。前中引戸・銀枠2段窓の富士ボディを持つツーステップバス。冷房装置はゼクセル製ビルトインタイプで、側面表示器は中扉の後ろにある。1862・1863は立川バスから移籍。前中引戸・黒枠2段窓の富士ボディを持つツーステップバス。冷房装置はゼクセル製ビルトインタイプで、側面表示器は中扉の後ろにある。1869は京成バスから移籍。前中引戸・黒枠逆T字型窓の富士ボディを持つワンステップバス。冷房装置はゼクセル製で、側面表示器は中扉の前にある。他は国際興業から移籍。前中引戸・銀枠2段窓のキュービックツーステップバス。冷房装置はゼクセル製ビルトインタイプで、側面表示器は戸袋の前にある。

●KC-LV280L 　　　　　(38)

　機関8PE1、軸距4800mmの短尺大型エアサス車。山陽バスから移籍。前中引戸・黒枠逆T字型窓のキュービックツーステップバス。冷房装置はゼクセル製ビルトインタイプで、側面表示器は中扉の後ろにある。

●KC-LV380N 　　　　　(39)

　機関8PE1、軸距5300mmの中尺大型リーフサス車。西武総合企画から移籍。前中4枚折戸・黒枠逆T字型窓のキュービックワンステップバス。冷房装置はゼクセル製で、側面表示器は中扉の前にある。

●KC-LV280N 　　　　　(40)

機関8PE1、軸距5300mmの中尺大型エアサス車。淡路交通から国際興業を経て移籍。前中引戸・黒枠2段窓のキュービックツーステップバス。冷房装置はゼクセル製ビルトインタイプで、側面表示器は中扉の後ろにある。

●KL-LV834L1　　　　　　　(41)

機関6HK1、軸距4800mm・AT仕様の短尺大型エアサス車。東京都交通局から移籍。前中引戸・黒枠逆T字型窓のエルガノンステップバス。冷房装置はゼクセル製で、側面表示器は前扉の後ろにある。

●KL-LV380L1　　　　　(42~44)

機関8PE1、軸距4800mmの短尺大型リーフサス車。20は相鉄バスから移籍。前中4枚折戸・黒枠逆T字型窓の富士ボディを持つワンステップバス。冷房装置は富士重工製で、側面表示器は前扉の後ろ。復刻カラーに塗られている。51・54・58は相鉄バスから移籍。前中4枚折戸・黒枠逆T字型窓の富士ボディを持つワンステップバス。冷房装置は富士重工製で、側面表示器は中扉の前に移設されている。68・88は千葉中央バスから移籍。前中引戸・銀枠逆T字型窓の富士ボディを持つワンステップバス。冷房装置はゼクセル製で、側面表示器は中扉の後ろにある。

●KL-LV280L1　(3・4・45~53)

機関8PE1、軸距4800mmの短尺大型エアサス車。170・2104は神奈川中央交通から移籍。前中引戸・黒枠逆T字型窓のエルガワンステップバス。冷房装置はゼクセル製で、側面表示器は戸袋の前にある。335・345・406は東京都交通局から移籍。前中引戸・固定窓のエルガノンステップバス。冷房装置はサーモキング製で、側面表示器は戸袋の前にある。377は国際興業から移籍。前中引戸・黒枠逆T字型窓のエルガノンステップバス。冷房装置はサーモキング製で、側面表示器は戸袋の前にある。1978は東急バスから移籍。前中引戸・黒枠逆T字型窓のエルガワンステップバス。冷房装置はデンソー製で、側面表示器は前扉の後ろにある。172・174・175は京浜急行バスから移籍。前中引戸・黒枠逆T字型窓のエルガノンステップバス。冷房装置はサーモキング製で、側面表示器は戸袋の前にある。347・351・352・2213・2214は東武バスから移籍。前中引戸・黒枠逆T字型窓のエルガノンステップバス。冷房装置はデンソー製で、側面表示器は戸袋の前にある。30・31・35・53・178は相鉄バスから移籍。前中4枚折戸・黒枠逆T字型窓の富士ボディを持つワンステップバス。冷房装置は富士重工製で、側面表示器は中扉の前に移設されている。58・60・177・240・260は相鉄バスから移籍。前中4枚折戸・黒枠逆T字型窓の富士ボディを持つワンステップバス。冷房装置はデンソー製で、側面表示器は前扉の後ろにある。86は相鉄バスから移籍。前中4枚折戸・黒枠逆T字型窓の富士ボディを持つワンステップバス。冷房装置はゼクセル製で、側面表示器は前扉の後ろ。復刻カラーに塗られている。他は国際興業から移籍。前中引戸・黒枠逆T字型窓のエルガワンステップバス。冷房装置はゼクセル・サーモキング製で、側面表示器は戸袋の前にある。03年式から側窓がサッシレスとなっている。

●PJ-LV234L1　　　　　(54~56)

機関6HK1、軸距4800mmの短尺大型エアサス車。181・182・217・227・

233・238・245は京浜急行バスから移籍。前中引戸・黒枠逆T字型窓のエルガワンステップバス。冷房装置はデンソー製で、側面表示器は戸袋の前にある。218は京浜急行バスから移籍。前中引戸・黒枠逆T字型窓のエルガノンステップバス。冷房装置はデンソー製で、側面表示器は戸袋の前。盛岡市都心循環バス「でんでんむし」に使用されている。他は国際興業から移籍。前中引戸・黒枠逆T字型窓のエルガワンステップバス。冷房装置はデンソー製で、側面表示器は戸袋の前にある。

●PJ-LV234N1 (57)

機関6HK1、軸距5300mmの中尺大型エアサス車。神奈川中央交通から移籍。前中引戸・黒枠逆T字型窓のエルガワンステップバス。冷房装置はデンソー製で、側面表示器は戸袋の前にある。

●QPG-LV234N3 (2)

機関6HK1、軸距5300mmの中尺大型エアサス車。自社発注車。前中引戸・黒枠逆T字型窓(右中央2枚は固定窓)のエルガワンステップバス。冷房装置はデンソー製で、側面表示器は戸袋の前にある。

●KC-LV781R1 (58)

機関10PE1、軸距6150mmの大型エアサス車。京浜急行バスから移籍。スイングドア・T字型窓・後面2枚窓のガーラⅠ。冷房装置はサブエンジン式で、LED表示器を装備。60人乗りの高速・一般路線車である。

●KL-LV781R2 (59〜61)

機関10PE1、軸距6150mmの大型エアサス車。2073はJRバス東北から移籍。折戸・T字型窓(最前部・最後部は固定窓)・後面1枚窓のガーラHD。冷房装置はサブエンジン式で、LED表示器

を装備。55人乗りの高速・一般路線車である。2825は京浜急行バスから移籍。スイングドア・T字型窓(最前部・最後部は固定窓)・後面2枚窓のガーラHD。冷房装置はサブエンジン式。53人乗りの貸切車である。他は京浜急行バスから移籍。スイングドア・T字型窓(最前部・最後部は固定窓)・後面1枚窓のガーラHD。冷房装置はサブエンジン式で、LED表示器を装備。60人乗りの高速・一般路線車である。

●KL-LV774R2 (62・63)

機関8TD1、軸距6150mmの大型エアサス車。2117は磐梯東都バスから移籍。スイングドア・T字型窓(最前部は固定窓)・後面1枚窓のガーラHD。冷房装置はサブエンジン式。55人乗りの貸切車である。他は淡路交通から移籍。スイングドア・T字型窓(最前部・最後部は固定窓)・後面2枚窓のガーラHD。冷房装置は直結式で、LED表示器を装備。55人乗りの高速車である。

●ADG-RU1ESAJ (64)

機関E13C、軸距6080mmの大型エアサス車。肱南観光バスから移籍。スイングドア・T字型窓(最前部は固定窓)・後面2枚窓のガーラHD。冷房装置は直結式。53人乗りの貸切車である。

●PKG-RU1ESAJ (65〜68)

機関E13C、軸距6080mmの大型エアサス車。1838は自社発注車。スイングドア・固定窓・後面1枚窓のガーラSHD。冷房装置は直結式で、LED表示器を装備。中央トイレつき29人乗りの高速車である。1720は銀嶺バスから移籍。スイングドア・固定窓・後面1枚窓のガーラSHD。冷房装置は直結式で、LED表示器を装備。中央トイレつ

き29人乗りの高速車である。2025は西武観光バスから移籍。スイングドア・固定窓・後面1枚窓のガーラHD。冷房装置は直結式で、LED表示器を装備。中央トイレつき29人乗りの高速車である。411は東武バスから移籍。折戸・T字型窓〔最後部は固定窓〕・後面1枚窓のガーラHD。冷房装置は直結式で、LED表示器を装備。後部トイレつき50人乗り（トイレは不使用）の高速車である。他は東都観光バスから移籍。スイングドア・T字型窓〔最前部は固定窓〕・後面2枚窓のガーラHD。冷房装置は直結式。53人乗りの貸切車である。

● QPG-RU1ESBJ　　　　　（69・70）
　機関E13C、軸距6080mmの大型エアサス車。自社発注車。1691はスイングドア・T字型窓〔最前部は固定窓〕・後面2枚窓のガーラHD。冷房装置は直結式。53人乗りの貸切車である。82はスイングドア・固定窓・後面1枚窓のガーラHD。冷房装置は直結式で、LED表示器を装備。中央トイレつき29人乗りの高速車である。

● QRG-RU1ASCJ　　　　　（71）
　機関A09C、軸距6080mmの大型エアサス車。自社発注車。スイングドア・T字型窓〔最前部は固定窓〕・後面2枚窓のガーラHD。冷房装置は直結式。60人乗りの貸切車である。

● QTG-RU1ASCJ　　　　　（72）
　機関E13C、軸距6080mmの大型エアサス車。自社発注車。スイングドア・T字型窓〔最前部は固定窓〕・後面2枚窓のガーラHD。冷房装置は直結式。60人乗りの貸切車である。

● 2TG-RU1ASDJ　　　　　（73・74）
　機関A09C、軸距6080mmの大型エアサス車。自社発注車。69・311はスイ

ングドア・T字型窓（最前部は固定窓〕・後面2枚窓のガーラHD。冷房装置は直結式。60人乗りの貸切車である。225・258はスイングドア・T字型窓〔最前部は固定窓〕・後面1枚窓のガーラHD。冷房装置は直結式で、LED表示器を装備。60人乗りの高速車である。2189は折戸・T字型窓〔最前部は固定窓〕・後面1枚窓のガーラHD。冷房装置は直結式で、LED表示器を装備。60人乗りの高速車である。

● 2RG-RU1ESDJ　　　　　（9）
　機関E13C、軸距6080mmの大型エアサス車。自社発注車。スイングドア・固定窓・後面1枚窓のガーラHD。冷房装置は直結式で、LED表示器を装備。中央トイレつき29人乗りの高速車である。

NISSAN DIESEL ▰▰▰▰▰▰

● KC-RN210CSN　　　　　（75）
　機関FE6E、軸距3400mmの7m尺中型リーフサス車。国際十王交通から移籍。前中折戸・黒枠逆T字型窓の富士ボディを持つワンステップバス。冷房装置はデンソー製パッケージタイプで、側面表示器は中扉の前にある。

● KC-RM211GSN　　　　　（76）
　機関FE6E、軸距4280mmの中型リーフサス車。西武総合企画から移籍。前中引戸・銀枠2段窓の富士ボディを持つツーステップバス。冷房装置は富士重工製で、側面表示器は戸袋の前にある。

● KC-JP250NTN　　　　　（77・78）
　機関FE6、軸距5560mmの10.5m尺中型リーフサス車。横浜市交通局から移籍。1416は前中4枚折戸・黒枠逆T字型窓の富士ボディを持つワンステップバス。冷房装置は富士重工製で、側面表示器は前扉の後ろにある。1415・

1420は前中4枚折戸・黒枠逆T字型窓の西工ボディを持つワンステップバス。冷房装置はゼクセル製で、側面表示器は前扉の後ろにある。

● KL-JP252NAN　　　（79・80）
　機関FE6、軸距5560mmの10.5m尺中型エアサス車。西武バスから移籍。1962は前中4枚折戸・黒枠逆T字型窓の西工ボディを持つワンステップバス。冷房装置はゼクセル製で、側面表示器は中扉の前にある。382は前中引戸・黒枠逆T字型窓の西工ボディを持つワンステップバス。冷房装置はデンソー製で、側面表示器は戸袋の前にある。

● KC-UA460HAN　　　（81）
　機関PG6、軸距4720mmの短尺大型エアサス車。東京都交通局から移籍。前中4枚折戸・黒枠逆T字型窓の富士ボディを持つらくらくステップバス。冷房装置は富士重工製で、側面表示器は前扉の後ろにある。

● KC-UA460LSN　　　（82）
　機関PG6、軸距5240mmの中尺大型リーフサス車。西武総合企画から移籍。前中引戸・銀枠2段窓の富士ボディを持つツーステップバス。冷房装置は富士重工製で、側面表示器は戸袋の前にある。

● KL-RP252GAN　　　（83）
　機関FE6、軸距4300mmの9m尺大型エアサス車。江ノ電バスから移籍。前中引戸・黒枠逆T字型窓の富士ボディを持つワンステップバス。冷房装置は富士重工製パッケージタイプで、側面表示器は戸袋の前にある。

● KL-UA452KAN　　　（84）
　機関PF6H、軸距4800mmの短尺大型エアサス車。東急バスから移籍。前中引戸・黒枠逆T字型窓の富士ボディを持つノンステップバス。冷房装置は富士重工製パッケージタイプで、側面表示器は前扉の後ろにある。

● KL-RA552RBN　　　（85）
　機関RH8、軸距6180mmの大型エアサス車。京浜急行バスから移籍。折戸・T字型窓（最後部は固定窓）の富士ボディを持つハイデッカー。冷房装置はサブエンジン式で、LED表示器を装備。59人乗りの高速・一般路線車である。

HINO

● KK-RX4JFEA　　　（86）
　機関J05C、軸距3550mmの小型エアサス車。早池峰バスから継承。前折戸・銀枠引き違い窓のリエッセツーステップバス。奥州市コミュニティバス「Zバス」として使用されている。

● BDG-HX6JLAE
　機関J05D、軸距4825mmの小型エアサス車。自社発注車。1扉・黒枠逆T字型窓のポンチョノンステップバス。花巻市コミュニティバス「ふくろう号」として使用されている。

● SKG-HX9JLBE　　　（7）
　機関J05E、軸距4825mmの小型エアサス車。早池峰バスから継承。1扉・固定窓のポンチョノンステップバスである。

● 2DG-HX9JLCE　　　（8）
　機関J05E、軸距4825mm、AT仕様の小型エアサス車。自社発注車。1扉・固定窓のポンチョノンステップバス。2224・2225は北上市コミュニティバスとして使用されている。

● KC-RJ1JJCK　　　（87）
　機関J08C、軸距4490mmの中型リーフサス車。ちばシティバスから移籍。前中4枚折戸・銀枠2段窓のレインボーRJワンステップバス。冷房装置はデン

ソー製で、側面表示器は中扉の前にある。

●KK-RJ1JJGA (88)

機関J08C、軸距4490mmの中型リーフサス車。千葉交通から移籍。前中引戸・黒枠逆T字型窓のレインボーRJツーステップバス。冷房装置はデンソー製で、側面表示器は戸袋の前にある。

●KK-HR1JEEE (89)

機関J08C、軸距3350mmの7m尺中型エアサス車。早池峰バスから継承。前中折戸・黒枠逆T字型窓のレインボーHRノンステップバス。冷房装置はデンソー製。奥州市コミュニティバス「Zバス」として使用されている。

●KK-HR1JKEE (90)

機関J08C、軸距4600mmの中型エアサス車。京浜急行バスから移籍。前中引戸・黒枠逆T字型窓のレインボーHRノンステップバス。冷房装置はデンソー製で、側面表示器は戸袋の前にある。

●KL-HR1JNEE (5・91・92)

機関J08C、軸距5480mmの10.5m尺中型エアサス車。43・44・50・95は東京都交通局から移籍。前中引戸・黒枠逆T字型窓のレインボーHRノンステップバス。冷房装置はデンソー製で、側面表示器は前扉の後ろ。95は盛岡市都心循環バス「でんでんむし」として使用されている。357は東武バスから移籍。前中引戸・黒枠逆T字型窓のレインボーHRノンステップバス。冷房装置はデンソー製で、側面表示器は戸袋の前。盛岡市都心循環バス「でんでんむし」として使用されている。他は東京都交通局から移籍。前中引戸・固定窓のレインボーHRノンステップバス。冷房装置はデンソー製で、側面表示器は戸袋の前。106・133は盛岡市都心循環バス「でんでんむし」として使用されて

いる。

●PK-HR7JPAE (93)

機関J07E、軸距5580mmの10.5m尺中型エアサス車。京浜急行バスから移籍。前中引戸・黒枠逆T字型窓のレインボーHRノンステップバス。冷房装置はデンソー製で、側面表示器は戸袋の前。72は平泉町巡回バス「るんるん」、326は盛岡市都心循環バス「でんでんむし」として使用されている。

●KC-HT2MMCA (94)

機関M10U、軸距5200mmの中尺大型リーフサス車。神奈川中央交通から移籍。前中引戸・銀枠2段窓のブルーリボンHTツーステップバス。冷房装置はデンソー製で、側面表示器は前扉の後ろ2番目の位置に移設されている。

●KC-HU2MMCA (95)

機関M10U、軸距5200mmの中尺大型エアサス車。高槻市交通部から移籍。前中引戸・黒枠逆T字型窓の西工ボディを持つツーステップバス。冷房装置はデンソー製ビルトインタイプで、側面表示器は中扉の後ろにある。

●KL-KV280L1 (96)

機関8PE1、軸距4800mmの短尺大型エアサス車。西東京バスから移籍。前中引戸・黒枠逆T字型窓のブルーリボンⅡノンステップバス。冷房装置はサーモキング製で、側面表示器は戸袋の前にある。

●KC-RU1JHCB (97)

機関J08C、軸距4200mmの9m尺大型エアサス車。国際興業から移籍。スイングドア・逆T字型窓（最後部は固定窓）のセレガFC。冷房装置はサブエンジン式。27人乗りの貸切車である。

●KL-RU4FSEA (98・99)

機関F21C、軸距6200mmの大型エアサス車。16は国際興業から移籍。スイ

ングドア・T字型窓のセレガFD。冷房装置はサブエンジン式。60人乗りの貸切車である。2155は京浜急行バスから移籍。スイングドア・T字型窓（最後部は固定窓）のセレガFD。冷房装置はサブエンジン式で、LED表示器を装備。60人乗りの高速・一般路線車である。

●ADG-RU1ESAA　　　　（100）
　機関E13C、軸距6080mmの大型エアサス車。京浜急行バスから移籍。折戸・T字型窓（最前部は固定窓で屋根までのアクセントライン）のセレガHD。冷房装置は直結式で、LED表示器を装備。60人乗りの高速・一般路線車である。

●PKG-RU1ESAA　　　（101・102）
　機関E13C、軸距6080mmの大型エアサス車。1513は滋賀中央観光バスから移籍。スイングドア・T字型窓（左最前部・最後部と右前方3枚は固定窓で屋根までのアクセントライン）のセレガHD。冷房装置は直結式で、LED表示器を装備。中央トイレつき29人乗りの高速車である。2108は京阪バスから移籍。スイングドア・固定窓（屋根までのアクセントライン）のセレガHD。冷房装置は直結式で、LED表示器を装備。中央トイレつき29人乗りの高速車である。

●2TG-RU1ASDA　　　（10・103）
　機関A09C、軸距6080mmの大型エアサス車。自社発注車。2160はスイングドア・T字型窓（最前部は固定窓）のセレガHD。冷房装置は直結式。60人乗りの貸切車である。353・2171は折戸・T字型窓（最前部は固定窓）のセレガHD。冷房装置は直結式で、LED表示器を装備。60人乗りの高速車である。

MITSUBISHI FUSO

●KK-ME17DF　　　　（104・105）
　機関4M50、軸距3560mmの小型エアサス車。57は神奈川中央交通東から移籍。前中折戸・銀枠逆T字型窓のエアロミディMEノンステップバス。奥州市コミュニティバス「Zバス」として使用されている。他は自社発注車。前中折戸・銀枠逆T字型窓のエアロミディMEノンステップバスである。

●U-MK218J　　　　　　（106）
　機関6D17、軸距4390mmの中型リーフサス車。自家用登録車を購入。前折戸・銀枠引き違い窓のエアロミディMKツーステップバス。矢巾町市街地循環バスとして使用されている。

●KC-MK219J　　　　　（107）
　機関6D17、軸距4390mmの中型リーフサス車。東京都交通局から移籍。前中4枚折戸・銀枠2段窓のエアロミディMKらくらくステップバス。冷房装置は三菱製で、側面表示器は前扉の後ろにある。

●KK-MK23HJ　　　　　（108）
　機関6M61、軸距4390mmの中型リーフサス車。神奈川中央交通から移籍。前中引戸・銀枠逆T字型窓のエアロミディMKツーステップバス。冷房装置は三菱製で、側面表示器は戸袋の前にある。

●KK-MK25HJ　　　　　（109）
　機関6M61、軸距4390mmの中型エアサス車。神奈川中央交通西から移籍。前中引戸・銀枠逆T字型窓のエアロミディMKワンステップバス。冷房装置は三菱製で、側面表示器は戸袋の前にある。

●KC-MP317M　　　　　（110）
　機関6D24、軸距5300mmの中尺大型リーフサス車。津久井神奈交バスから

移籍。前中引戸・銀枠逆T字型窓のエアロスターツーステップバス。冷房装置は三菱製で、側面表示器は戸袋の前にある。

●KC-MP747K　　　　　（111・112）

機関6D24、軸距4800mmの短尺大型エアサス車。1586は前中引戸・銀枠逆T字型窓のエアロスターノンステップバス。冷房装置は三菱製で、側面表示器は前扉の後ろにある。1781は尼崎市交通局から移籍。前中折戸・銀枠逆T字型窓のエアロスターノンステップバス。冷房装置はデンソー製で、側面表示器は前扉の後ろにある。

●KL-MP337M　　　　　　（113）

機関6D24、軸距5300mmの中尺大型リーフサス車。神奈川中央交通から移籍。前中引戸・銀枠逆T字型窓のエアロスター―MBECSⅢツーステップバス（ハイブリッドシステムは不使用）。冷房装置は三菱製で、側面表示器は戸袋の前にある。

●KL-MP33JM　　　　　　（114）

機関6M70、軸距5300mmの中尺大型リーフサス車。神奈川中央交通・津久井神奈交バスから移籍。前中引戸・銀枠逆T字型窓のエアロスターツーステップバス。冷房装置は三菱製で、側面表示器は戸袋の前。18は平泉町巡回バス「るんるん」として使用されている。

●KL-MP35JM　　　　　　　（6）

機関6M70、軸距5300mmの中尺大型エアサス車。神奈川中央交通・相模神奈交バスから移籍。前中引戸・銀枠逆T字型窓のエアロスターワンステップバス。冷房装置は三菱製で、側面表示器は戸袋の前。32は平泉町巡回バス「るんるん」として使用されている。

●KL-MP37JK　　　　　　（115）

機関6M70、軸距4800mmの短尺大型エアサス車。神奈川中央交通から移籍。前中引戸・銀枠逆T字型窓のエアロスターノンステップバス。冷房装置は三菱製で、側面表示器は戸袋の前にある。

●KL-MP37JM　　　　　　（116）

機関6M70、軸距5300mmの中尺大型エアサス車。神奈川中央交通から移籍。前中引戸・銀枠逆T字型窓のエアロスターノンステップバス。冷房装置は三菱製で、側面表示器は戸袋の前にある。

●PJ-MP35JM　　　　　　（117）

機関6M70、軸距5300mmの中尺大型エアサス車。神奈川中央交通から移籍。前中引戸・銀枠逆T字型窓のエアロスターワンステップバス。冷房装置は三菱製で、側面表示器は戸袋の前にある。

●PJ-MP37JK　　　　　　（118）

機関6M70、軸距4800mmの短尺大型エアサス車。神奈川中央交通から移籍。前中引戸・銀枠逆T字型窓のエアロスターノンステップバス。冷房装置は三菱製で、側面表示器は戸袋の前にある。

●PJ-MP37JM　　　　　　（119）

機関6M70、軸距5300mmの中尺大型エアサス車。神奈川中央交通から移籍。前中引戸・銀枠逆T字型窓のエアロスターノンステップバス。冷房装置は三菱製で、側面表示器は戸袋の前にある。

●KC-MS829P　　　　　　（120）

機関8DC11、軸距6150mmの大型エアサス車。淡路交通から移籍。スイングドア・T字型窓（最前部・最後部は固定窓で中扉つき）のエアロバス。冷房装置はサブエンジン式で、方向幕を装

備。55人乗りの一般路線車である。

●KK-MM86FH （121）

　機関6M60、軸距4200mmの9m尺大型エアサス車。早池峰バスから継承。折戸・T字型窓（最後部は固定窓）のエアロバスMM。冷房装置はサブエンジン式。40人乗りの貸切車である。

●KL-MS86MS （122）

　機関8M21、軸距6500mmの大型エアサス車。神奈川中央交通から移籍。折戸・T字型窓（最後部は固定窓）のエアロバススタンダードデッカー。冷房装置はサブエンジン式で、LED表示器を装備。55人乗りの高速・一般路線車である。

●KL-MS86MP （123〜129）

　機関8M21、軸距6150mmの大型エアサス車。1755・1931・1938は京浜急行バスから移籍。折戸・T字型窓（最後部は固定窓）のエアロバス。冷房装置はサブエンジン式で、LED表示器を装備。60人乗りの高速・一般路線車である。1961は千葉交通から移籍。スイングドア・T字型窓（最前部・最後部は固定窓）のエアロバス。冷房装置はサブエンジン式で、LED表示器を装備。45人乗りの高速・一般路線車である。59は千葉中央バスから移籍。折戸・T字型窓（最後部は固定窓）のエアロバス。冷房装置はサブエンジン式で、LED表示器を装備。60人乗りの高速・一般路線車である。63・2763は京浜急行バスから移籍。スイングドア・T字型窓（最後部は固定窓）のエアロバス。冷房装置はサブエンジン式。60人乗りの貸切車である。2152は江ノ電バスから移籍。スイングドア・T字型窓（最後部は固定窓）のエアロバス。冷房装置はサブエンジン式。60人乗りの貸切車である。2050は神奈中観光から移

籍。スイングドア・T字型窓（最後部は固定窓）のエアロバス。冷房装置は直結式。55人乗りの貸切車である。他は神奈中観光から移籍。スイングドア・T字型窓（最後部は固定窓）のエアロバス。冷房装置はサブエンジン式。53・60人乗りの貸切車である。

●PJ-MS86JP （130・131）

　機関6M70、軸距6000mmの大型エアサス車。神奈中観光から移籍。144はスイングドア・T字型窓（最後部は固定窓でリフトつき）のエアロクィーンⅠ。冷房装置はサブエンジン式。52人乗りの貸切車である。51はスイングドア・T字型窓（最後部は固定窓）のエアロバス。冷房装置はサブエンジン式。58人乗りの貸切車である。

●BKG-MS96JP （132〜134）

　機関6M70、軸距6000mmの大型エアサス車。2210は中紀バスから移籍。スイングドア・T字型窓（最後部は固定窓）のエアロエース。冷房装置はサブエンジン式。59人乗りの貸切車である。100は小田急箱根高速バスから移籍。スイングドア・T字型窓（最後部は固定窓）のエアロエース。冷房装置はサブエンジン式。後部トイレつき50人乗り（トイレは不使用）の高速車である。296は西岬観光から移籍。スイングドア・T字型窓（最後部は固定窓）のエアロエース。冷房装置はサブエンジン式。55人乗りの高速車である。

BYD ▬▬▬▬

●K9 （1）

　交流モーター（90kw×2基）搭載、軸距6100mmの長尺大型エアサス車。自社発注車。前中折戸・固定窓のBYD製ボディを持つノンステップの電気バスK9である。

岩手県交通のあゆみ

text■ 鈴木文彦　photo■ 鈴木文彦・編集部

　岩手県交通は岩手県域の約3分の2を占める盛岡市以南の広大な地域をエリアとし、乗合・貸切バス事業を行う事業者である。本社は盛岡市に置かれ、盛岡都市圏に雫石、滝沢、松園、都南、矢巾、紫波の6営業所と菓子車庫、県中南部に花巻、遠野、北上、胆江、一関の5営業所と湯本、千厩の2バスターミナル、沿岸部に釜石、大船渡の2営業所と高田支所、宮城県栗原市に貸切専門の宮城営業所を持つ。乗合バス454台、貸切バス25台を擁し、乗合バス免許キロ2,836.8km、社員数652人の中堅事業者である。高速バスは盛岡、花巻、釜石・大船渡、大槌・釜石から東京への夜行4路線と盛岡、花巻・北上、江刺、釜石、大船渡から仙台へ、盛岡から弘前への昼行6路線、室根から盛岡への県内路線と盛岡〜いわて花巻間空港連絡バスを運行するほか、盛岡から釜石、大船渡、一関から気仙沼・大船渡への一般道特急・急行バス（盛岡〜大船渡線の一部は高速経由）を運行する（2020年11月現在コロナ禍で一部運休または減便中）。

戦前

■県内各地にバス事業勃興

　岩手県内のバス事業は1913（大正2）年の盛岡〜宮古間盛宮自動車が先鞭をつけたが、1918（大正7）年には盛岡市内に盛岡自動車が開業した。大正前期は軽便鉄道ブームでもあり、岩手県内でも1915（大正4）年までに花巻電気、胆江軌道（馬車軌道）などが開業している。バスが続々と開業するのは大正後期で、1917（大正6）〜1923（大正12）年には正和堂（一関）、餅屋自動車部（盛）、気仙沼振興会、水沢自動車、清野自動車（薄衣）、佐藤甚助（釜石）、都築自動車（花泉）、芝正一郎（遠野）、胆仙自動車（水沢）、弥栄自動車（薄衣）、藤沢自動車組合、摺沢自動車、気仙自動車（気仙沼）、宮守自動車などが開業した。大正末期の1924（大正13）〜1926（大正15）年には佐藤友蔵（日詰）、梅津米蔵（大

戦前の岩手県南部の小規模事業者の乗合バス

戦後まもないころの岩手県南自動車の乗合バス

迫)、ヒノヤ自動車（日詰）、盛岡市街自動車、金堂自動車（金ヶ崎）、和江自動
車（黒沢尻）、水野重治郎（世田米）、村上健之助（高田）、荻野民治（上有住）、
鈴木旅館（陸中松川）、胆江軌道などが事業を開始している。こうした動きは
1928（昭和3）年ごろまで続き、同年の段階で岩手県内には40の小規模事業者が
乱立していた。

　こうしたなか、儲かる路線には多数の事業者がひしめき合う形となり、盛岡〜
日詰間、大迫〜石鳥谷間、水沢〜岩谷堂間、一関〜薄衣〜千厩間、千厩〜気仙沼
間などで激しい旅客誘致や免許争奪戦が繰り広げられた。しかし次第に競合に疲
弊し、自主統合が進むようになる。1927（昭和2）年に胆江軌道は胆仙自動車の
営業権を譲受、翌年には軌道を廃止して胆江自動車と改称した。その後、水沢自
動車改め水岩自動車との競合が続くが、1934（昭和9）年には両社合併し、胆江
自動車が存続会社となった。1924年には気仙沼振興会と気仙自動車が合併して三
陸自動車となり、1927年には藤沢自動車組合が都築自動車に営業権を譲渡した。

■戦時下の岩手県内のバス

　1933（昭和8）年の自動車交通事業法によって1路線1営業主義が示されたこ
とから、岩手県内も自主統合がさらに進み、正和堂が周辺事業者に路線を譲渡し
て1932（昭和7）年までに廃業するなどの動きがあったが、一方で、新規開業も
1934年までにみづほ自動車（黒沢尻）、森田タクシー（水沢）、岩間吉兵衛（大
槌）などが続いた。また花巻電気などが統合されて設立された花巻温泉電気鉄道
は、自社の軌道を擁護するため、1939（昭和14）年に田中甚三郎のバス事業を譲
受してバスを兼営、1941（昭和16）年に花巻電気鉄道と改称した。

　戦時体制に入り、ガソリン規制が敷かれると、岩手県内でも1939年ごろからバ
スの代燃化が進められるようになった。競合に疲弊していた小規模事業者にとっ
てはガソリン規制が追い打ちをかけた形で、自主統合はさらに促進されることと
なった。1936（昭和11）年に稗貫・和賀両郡の事業者が合同した花巻自動車運輸
商業組合は、1939年に大迫、石鳥谷、土沢などの個人事業者を併合して稗和開発
自動車を設立、さらに大迫〜石鳥谷間で競合していた宮守自動車と梅津米蔵改め
大迫タクシーを1941年に統合した。また1927年に成立した西磐自動車は、1939年
に東海林仲左エ門、平泉自動車組合などを合併して西磐合同自動車を設立した。

岩手県南バスの日産といすゞのボンネットバス

釜石を拠点とした東部バスのキャブオーバー

　このほか、黒沢尻自動車、湯本自動車、気仙開発自動車、盛岡バスなどが合併によって規模を拡大するが、一方で燃料事情の悪化や国策による不要不急路線の整理が促されると、盛岡バスや胆江自動車などでも競合区間や鉄道並行区間などを中心に路線の休止や短縮が進められるようになった。

■戦時統合を経て

　1942（昭和17）年の鉄道省通牒により、岩手県内は４つのブロックに分けられ統合が進められることとなった。盛岡地方（盛岡市・岩手郡・紫波郡・稗貫郡）は岩手中央自動車を新設、一関地方（一関市・和賀郡・胆沢郡・東磐井郡と気仙郡の一部）は岩手県南自動車を新設、釜石地方（釜石市・上閉伊郡・気仙郡）は岩手東部自動車を新設、久慈・宮古地方（宮古市・下閉伊郡）は岩手県北自動車を新設し、それぞれ統合主体とすることが決まった。これにもとづき、岩手県は1942年11月に「旅客自動車運輸統合に関する懇談打合せ会」を招集して趣旨を徹底した。

　統合はまず1943（昭和18）年７月に湯本自動車、黒沢尻自動車、胆江自動車、水沢自動車、及川自動車、西磐合同自動車、摺沢自動車、長坂自動車、都築自動車、清野自動車の10社合併による岩手県南自動車の設立で始まった。このとき三陸自動車の宮城県内の一部も併合した。同年10月には盛岡バス、佐藤自動車、ヒノヤ自動車、岩手登山自動車、吉田自動車、繋温泉自動車、稗和開発自動車、阿部自動車、東陸自動車の９社を統合し、岩手中央自動車が成立した。翌1944（昭和19）年４月には気仙開発乗合自動車、村上自動車、鶴田自動車、釜石ガレーヂ、三陸自動車と東陸自動車の大迫〜遠野間を統合し、岩手東部乗合自動車が成立した。1943年10月には岩手県北自動車も成立し、岩手県内の統合は完了した。

戦後

■戦後の復興と拡充

　終戦直後は資材不足や車両の老朽化などにより苦難の幕開けで、実働車両は岩手県南自動車で17台、岩手東部乗合自動車でわずか２台に過ぎなかった。しかし

県南カラーとなった東部バスのキャブオーバー

旧稗和開発自動車エリアに発足した花巻バス

戦後すぐにバスも早急な輸送力拡充の要請が強まり、各社とも旧軍用車の配給などによって車両を確保して休止路線の再開に努め、おおむね1949（昭和24）年ごろには戦前の規模を取り戻した。

岩手県南自動車は水沢に本社を置き、一関、水沢、黒沢尻、岩谷堂、千厩に営業所、湯本に出張所を置いたが、1949年には大船渡に進出して気仙営業所と高田出張所を開設したほか、1950（昭和25）年には貸切バス事業を開始した。

岩手東部乗合自動車も戦時中までは釜石製鉄所の増産に向けて工具輸送に注力したが、終戦直前の艦砲射撃により壊滅状態となった。そこで1946（昭和21）年に本社を遠野に移して釜石と遠野を拠点に営業を再開、1948（昭和23）年には気仙郡の町村の支援によって新車を購入し、釜石〜大船渡間を再開した。朝鮮戦争によって釜石製鉄所も復活、釜石市内線も復旧したことから、1951（昭和26）年に本社を釜石に戻し、商号を東部バスと改めた。

岩手中央自動車は盛岡市をベースに需要は伸びたが、運賃値上げを繰り返したため乗客逸走が続き、苦しい状態が続いた。なお、1947（昭和22）年には岩手東部乗合自動車の遠野〜陸前高田間復旧の遅れに伴い、省営自動車が同区間に進出して遠野自動車区を開設したほか、宮城県内からの路線に関連して一ノ関にも1948年に自動車区を新設している。

■事業形態の変化とバス路線の拡充

1948年には岩手中央自動車のうち、旧稗和開発自動車エリア（花巻・宮守）の経営を分離し、花巻バスがスタートした。これに伴い、岩手中央自動車は岩手中央バスと商号を変更した。その後、岩手中央バスは拡充路線となり、花巻、玉山、鶯宿、湯本、小岩井などへ進出、盛岡市内路線も増強し、1958（昭和33）年までに河南・紫波・雫石営業所を新設、盛岡営業所を盛岡駅前に移転新築した。花巻バスは1950年に花巻〜盛岡間を開設したのを皮切りにして積極的に路線を延ばし、大迫営業所、黒沢尻車庫（のちに北上営業所）、大船渡営業所、土沢車庫を開設した。1959（昭和34）年には貸切バスを開始し、1966（昭和41）年に花巻空港前に観光宮野目営業所を置いた。

1950年代半ばになると、大船渡地区では岩手県南自動車と東部バスの路線が重複し、非効率な運営を強いられた。東部バスの経営も逼迫したため、1957（昭和

岩手県南バスの岩谷堂～盛岡線の開業式典

東部バスが運行した1950年代の釜石～大船渡線

32）年に東部バスは岩手県南自動車の傘下に入ることとなった。そしてバスのボディカラーも県南自動車のデザインに変更、社員の出向も増えて経営的に一体化しつつあったことから、1966年4月に岩手県南自動車は東部バスを合併、商号を岩手県南バスに変更した。これにより、岩手県南バスは合併前に新設した大東営業所と東部バスの釜石・遠野を加え、11営業所体制となった。

このほか、軌道事業者であったことから戦時統合に加わらなかった花巻電気鉄道は花巻温泉電鉄と改称していたが、1953（昭和28）年に温泉事業を分離し、花巻市内を運行するバス事業と軌道事業は花巻電鉄となった。

1950年代には全国的な傾向と同様、岩手県内でも長距離路線が開発された。1951年には岩手県南自動車による一関～気仙沼間、1953年には岩手中央バスと東部バスの相互乗り入れによる盛岡～釜石間、1955（昭和30）年には中央・東部・県南の競願のすえ免許を取得した岩手県南自動車による盛岡～大船渡間、花巻バスによる花巻～大船渡間、1957年には岩手中央バス・国鉄バスによる盛岡～遠野～陸前高田間などが新設された。また1960（昭和35）年には岩手中央バスと花巻電鉄の相互乗り入れで、盛岡～花巻温泉間が開業した。こうしたなか、1960年には自動車ターミナル法適用第一号として盛岡バスセンターが開業、各社バラバラだった盛岡の起終点が集約された。さらに国道4号ルートの急行バス新設にあたり、1964（昭和39）年に岩手中央バス・花巻バス・花巻電鉄・岩手県南バスの共同出資により岩手急行バスが設立され、盛岡～一関間を開業した。また1968（昭和43）年には花巻電鉄を除く3社と宮城県内の会社が共同出資した東日本急行が設立され、国鉄バスとの協定路線として盛岡～仙台間を開業した。1966年には岩手中央バスと国鉄バスの協定による盛岡～岩泉龍泉洞間が運行を開始している。

■各社の経営悪化と岩手県交通の成立

1960年代に入ると、過疎化とモータリゼーションの同時進行によって各社のバス利用者は激減し、もともと強固ではなかった各社の経営を悪化させた。経営の逼迫を減便などのサービス切り下げと運賃値上げで凌ごうとして、逆に利用者が逸走する"悪循環"が進み、埋め合わせを人員削減と合理化で行おうとしたことが労使紛争につながり、ストライキの頻発がさらに利用者の信頼を低下させた。そして1965（昭和40）年に岩手中央バスの盛岡市内線でワンマン運行が始まり、

鵜住居に集まった海水浴輸送のボンネットバス　岩手県内4社の出資で設立された岩手急行バス

　翌1966年に岩手県南バスの一関地区でワンマン化が行われたことで、労使間の対立は深刻化し、相次ぐ争議がさらに県民感情を悪化させた。その結果、1975（昭和50）年ごろにはすっかり県民に見放され、利用者は離れていった。

　岩手県南バスは過疎化の影響が最も大きく、資産売却や車両の中古車による更新などによって改善を目論んだが、好転しないまま1974（昭和49）年に会社更生法の適用を申請した。

　岩手中央バスは労働争議が泥沼化するなか、1970年の岩手国体を前にストライキの影響を貸切バスに及ぼさないためもあって、比較的好調だった貸切バスを1968年に分離し、岩手観光バスを設立した（当初は有限会社、1969（昭和44）年に株式会社に改組）。その後、経営再建のため1970（昭和45）年4月に国際興業の傘下に入り、負債肩代わりと株式の70％引き受けにより倒産を回避した。岩手観光バスも同時に国際興業の傘下となっている。同年に花巻電鉄と花巻温泉も国際興業の傘下となり、同一資本系列となったことから、1971（昭和46）年に花巻電鉄は岩手中央バスに合併され、翌1972（昭和47）年には軌道を全線廃止した。

　花巻バスもまた経営が悪化し、労働争議が繰り返された。1969年に貸切バスを花巻観光バスとして分離、1970年には岩手県北自動車が経営参加して、東和・花北営業所を新設して既存営業所を集約した。しかし経営は好転せず、賃金未払いなどが続いた結果、1974年に県南バスに続いて会社更生法適用を申請した。

　各社の経営が行き詰まるなか、合併によって過当競争を是正し、合理化しようという声が高まっていくつかの合併案が示され、1971年の私鉄総連による公的一元化案が現実味を帯びつつ議論された。しかし一元化の範囲については、比較的経営の良かった岩手県北自動車が不参加を表明するなど各主体の思惑が異なり、相変わらず続くストライキに岩手県も"公的"に難色を示した。これによって公的一元化は流れたが、各社ごとの再建策では限界が見えるなか、前述のとおり県南バスと花巻バスが相次いで破綻、中央バスも1974年に国際興業が岩手興業を設立してバス以外の事業と負債をこちらに移管、中央バスを負債のない形で独立させた。そのような状況下、破綻状態の県内のバスを再建する最後の手段として、3社の共同出資による新会社設立が具体化したため、県南バスと花巻バスは会社更生法適用申請を取り下げ、岩手県も協力姿勢を見せた。そして1975年に正式に合意、1976（昭和51）年6月1日に岩手県交通株式会社がスタートした。施設と

水沢市内を走る県南バスカラーの日野RB10P　　盛岡BCで待機する元・中央バスのいすゞBR20

880台余の車両は新会社がそのまま継承、従業員もすべて移籍した。資産を各社が持ち寄る形で割り当てた結果、県南バスが70％の株式を引き受け、社長にも県南バスの稲垣氏が就任した。本社は北上市に置かれた。

■合併後の苦難の足跡

　岩手県交通として再出発したものの、事業の再生・経営改善は困難を極めた。もともと赤字会社の大同合併ではスケールメリットもなく、加えて旧3社が旧態依然として残り、非効率な運行実態も変わっていなかった。早くも初年度の冬には6億円の負債を抱え、ボーナス支給の資金調達にも苦しむ状況だった。県や市町村に対して資本参加を要請したが、すでに補助金を拠出している市町村にさらなる財源はなく、県も経営実態の甘さを指摘して出資を拒否した。また旧県南バスの会社更生法申請時の管財人選出にまつわる経緯への不信感が引きずられ、旧中央バスの親会社であった国際興業が1977（昭和52）年に役員を引き上げた。運賃値上げをしながら補助金を増額申請し、それでも賃金未払いが続く実態に銀行団も融資を拒否、資金源を断たれた会社は窮地に立たされた。県バス労連からも経営体制の刷新が申し入れられ、運輸省も特別監査によりワンマン化や1車あたりの従業員数など合理化の遅れを指摘、厳しい行政指導を行った。これを受けて1978（昭和53）年に岩手県から元県福祉部長の松尾氏が社長に選出された。

　新体制では社内の機構改革や盛岡都市圏の路線バス増強、貸切バスへの新車投入などが行われ、1978年度は単年度黒字となったが、多額の補助金や資産処分に

北上駅を発車する花巻バスカラーの三菱MR510　　花巻駅前を行く花巻電鉄カラーのいすゞBU10

国際興業カラーのまま使用されたいすゞBA741　新塗色となった元・横浜市営バスの日野RE100

よるところが大きく、経営安定にはほど遠かった。このためワンマン化と不採算
路線の廃止により収支改善を目論んだが、こうした合理化案を巡って1979（昭和
54）～1980（昭和55）年には労働争議が頻発、長引く労使関係の悪化は職場の荒
廃、士気の低下につながった。合併した1976年に銀と白に青帯のボディカラーが
採用されたが、その後も10年近く旧3社や花巻電鉄のカラー、首都圏からの移籍
車そのままのカラーが残り、車両の荒廃も進んで利用者のイメージも低下してい
った。ようやく長期化した紛争にピリオドが打たれ、末端部の不採算路線を整理
して、松園ニュータウンや滝沢ニュータウンなど盛岡都市圏の団地路線を増強し
たのは、1981（昭和56）年のことであった。

■国際興業グループとして再出発

　しかし、東北新幹線が開業する1982（昭和57）年になっても合理化と賃上げの
板挟みのなかで状況は好転せず、累積赤字の肥大化や賃金遅配の頻発など、労使
対立は収まらなかった。そこで1986（昭和61）年、それまでに株式の54％を取得
していた国際興業が経営に参加、社長も小佐野国際興業社長に交代した。これに
より、資金調達に目途がついたことから、労使関係の安定化が進み始め、会社再
建に向けて労使協調で努力する姿勢が生まれた。路線維持には多額の国・自治体
の補助を受け、車両更新も新車は貸切と乗合の補助車両のみで、他は国際興業な
どからの中古で賄う形ではあったが、状況は着実に改善され、1990年代前半には
単年度黒字体質となるまでに成長している。

観光用に復活したボンネットバス「まきば号」　岩手観光バスが運行していた会員制の定観バス

国際興業グループカラーとなった岩手観光バス

オリジナルデザインが採用されたハイデッカー

　ワンマン化は1970年代後半までは進行が遅かったが、国の地方バス補助を活用した中型バスの積極的導入で基準をクリアし、1980年代半ばにワンマン化を完了している。東北新幹線の開業は観光面でインパクトが大きく、岩手県交通では一関・平泉地区の定期観光バスを新設したほか、路線引退後も残されていたボンネットバスを観光路線に復活させ、平泉地区「弁慶号」と盛岡・小岩井地区「まきば号」として活用した（「まきば号」は冬季には「新雪号」として鉛温泉スキー場などでも活躍）。小岩井農場では農場からの依頼で、場内巡回バスを運行している。また1983（昭和58）年には花巻空港のジェット化に合わせ、盛岡との間に東北自動車道経由の連絡バスを運行開始した。

　貸切専業事業者として国際興業グループの一員となっていた岩手観光バスは、積極的な新車への切り替えと国際興業グループカラーへの変更を行った。業績を拡大していくなかで、1984（昭和59）年には1976年から貸切会員制の扱いで運行していた盛岡地区定期観光バスを乗合バスに移行、1985（昭和60）年には南部あねっこ姿のガイドを導入した。1979年と1997（平成9）年の2回にわたり、国鉄（JR）田沢湖線の工事代行バスにも参加している。岩手県交通自身も1980年代には貸切バスに力を入れ、ハイデッカーなど新車を投入、1982年にはオリジナルデザインを採用している。

■高速バスの時代へ

　1977年に東北自動車道一関～盛岡間が開通、翌1978年に一関以南がつながり、北への延長が進んで1986年に青森まで全通すると、岩手県も高速時代に突入していく。そして1982年の東北新幹線開通に伴い、岩手県のバス業界は「新幹線リレー」の高速バスに邁進する。しかしこの時点では岩手県交通は一関から気仙沼、大船渡、北上から釜石への一般道「リレー特急バス」を運行するにとどまり、高速バスへは1985年の盛岡～弘前間〈ヨーデル号〉の共同運行に参加したのが最初となった。〈ヨーデル号〉の成功は高速バス拡充の引き金となり、1987（昭和62）年には青森への〈あすなろ号〉、1989（平成元）年には八戸への〈ハッセイ・E号〉、仙台への〈アーバン号〉と昼行路線を拡大した。また盛岡～十和田湖〈とわだこ号〉にも1986年に後発で参入している。

　1988（昭和63）年には初の夜行高速バス盛岡～東京線が開業した。1987年から

1987年に開業した盛岡〜青森線〈あすなろ号〉

1988年に開業した盛岡〜東京線〈らくちん号〉

国際興業とともに計画を進めていたもので、他社の計画との調整などで多少の時間を要したが、最終的に国際興業グループとJRバス（関東・東北）の4社共同運行により昼行・夜行各1往復でスタートした。共通仕様の3列シート27人乗りトイレつきスーパーハイデッカーが導入されている。チラシに書かれたタイトルから〈らくちん号〉と呼ばれるようになった東京線は好調で、のちに夜行2便化（昼行は中止）など増強が続けられた。これが契機となり、岩手県交通は1989年に大船渡・気仙沼〜池袋間〈けせんライナー〉（1993（平成5）年釜石延長）、1990（平成2）年に花巻・北上〜池袋間〈イーハトーブ号〉、盛岡〜横浜・本厚木間、2007（平成19）年には大槌・釜石〜池袋間〈遠野釜石号〉を開業した。横浜線は神奈川中央交通、他の3路線は国際興業との共同運行である。

　仙台への昼行路線も、1995（平成7）年に花巻・北上からの〈けんじライナー〉、2000（平成12）年に江刺・水沢からの路線をいずれもJRバス東北と組んで新設したほか、2001（平成13）年には大船渡・気仙沼から、2003（平成15）年には釜石・遠野からの路線を宮城交通と共同で新設している。また1997年には北上〜横手・湯沢間〈おばこ号〉、2000年には県内の千厩〜盛岡間（2002（平成14）年に室根に延長）が新設され、1998（平成10）年には盛岡〜大館間〈みちのく号〉に後発参入している。成果の出なかった〈ハッセイ・E号〉と〈おばこ号〉は短期間で廃止・撤退したが、そのほかは好調に推移している。2004（平成16）年に盛岡駅の昼行高速バス発着は、新設の西口バスロータリーに順次変更された。

■ローカル路線の対応と早池峰バス

　1970年代以降、ローカル路線の利用者は激減し、維持が困難となっていった。全国的な取り組みにならい、岩手県交通も1981年には国道や市街地を除いて自由乗降制を採用、1985年には河南・大迫・大東・高田管内の6路線でメロディーバスを導入したが、廃止を余儀なくされた区間も多かった。1980年代には三陸町・室根村などが自家用代替バスに移行、大東町などが県交通に依頼する貸切代替バスに切り替えている。なお、貸切代替バスには路線タイプの車両を貸切カラーに塗装して使用した。

　そのような状況のもと、第3種路線が集中する遠野管内の路線維持を議論するなかで、退職者の再雇用で人件費を下げ、貸切代替バスに切り替えて小回りの利

遠野管内の移管を受けて設立された早池峰バス

2000年に試行運行を開始した「でんでんむし」

く経営を実現するため、東北地方初の分社化を行うこととなった。こうして1986年10月から遠野管内を移管して、100％出資の早池峰バス（はやちね）が貸切カラーの小型バス7台でスタートした。

　1992（平成4）年にはバス事業者と宅配事業者がタイアップして、バスの空きスペースに宅配荷物を載せ、相互のメリットを引き出す「宅配バス」の実験に全国に先駆けて取り組み、途中廃止区間を復活させて北上〜湯本間で実施された。

　営業所も盛岡都市圏では増強に向け、1984年に巣子車庫に、1987年に松園営業所を新設（河南営業所を廃止）、都南・雫石営業所を移転新設する一方、郡部では1991（平成3）〜1992年に東和・大東・遠野営業所を車庫に格下げしている。1996（平成8）年には水沢と釜石に置かれていた統括営業所制を廃止、大迫、湯本、千厩、高田は車庫化してバスターミナルと改称した。1999（平成11）年には水沢・江刺営業所と江刺工場を統合し、胆江営業所・胆江整備工場を新設した。

■オムニバスタウン盛岡と地域の取り組み

　盛岡市は1999年度にオムニバスタウンの指定を受け、バスを活用したまちづくりに取り組んだ。岩手県交通はそのメインの事業者となり、盛岡市との協力体制のもと、さまざまな課題解決に着手した。オムニバスタウン事業の柱のひとつはバスをより効率的・効果的に利用者ニーズに近づけるゾーンバス方式の採用で、まず2000年に松園ニュータウンの入口の市浄水場跡地を乗り継ぎバスターミナルとして、盛岡駅、盛岡バスセンターと松園ターミナルの間を幹線として高頻度運行とし、ニュータウン内の路線はきめ細かくサービスアップを図った。その後、利用実態に合わせて改変はなされたが、現在まで基本スタイルは継承され、松園ターミナルの周囲には商業施設等が立地している。2002年度に都南、2003年度に青山にも乗り継ぎターミナルが設置されたが、これらは路線形態の違いもあって松園ほど機能していない。ゾーンバス方式を補完したのが、警察との協力で実施されたPTPSやバス優先の交通規制、岩手県バス協会の事業として進められたバスロケーションシステムの導入、ハイグレードバス停の設置などであった。これらによるバス復権の兆しは、岩手のバス全体を活気づけた。

　もうひとつの目玉は盛岡都心循環バス「でんでんむし」の開設であった。1999年に盛岡市主導で試行運行が始まり、実績を上げたため、2000年から岩手県交通

ジャーニーEで自主運行された病院循環バス

移転した盛岡市立病院への足「盛南ループ200」

の乗合路線として本格化したもので、公募デザインをベースとした専用車を配置し、100円運賃で両回り10〜15分ヘッドで運行、手軽さやわかりやすさが受けて地方都市では破格の1日3,000人近い利用者を確保した。

　こうしたムードのなかで、岩手県交通も自主運行で1997年から病院循環バス、1998年から盛岡都心から滝沢・松園への深夜バス、1999年から移転した市立病院を結ぶ「盛南ループ200」(200円上限運賃)、2000年から中央病院循環などを運行し、1999年春には朝ラッシュの盛岡駅〜内丸間100円運賃の試行なども行った。また1996年度に盛岡地区でバスカードが導入され、2001年までに早池峰バスを含む全路線で利用できるようになった。このほか1998年には釜石市の中心街活性化策による「にぎわいバスサンデー号」(毎月第4日曜日に市内全路線バス無料化〜市負担)、早池峰山のマイカー乗り入れ規制による登山シャトルバス運行などの取り組みにも参加している。なお、この時期に乗合バスのデザインは国際興業のグリーンベースのカラーに変更されている。

近年

■運営形態の変化

　貸切バスの規制緩和を背景として、2001年には競合激化に対応し、同じ国際興業グループのなかでより効率的な事業展開を行うため岩手観光バスを統合、貸切バスはすべて岩手県交通の運営となり、90台規模の貸切バスを有することになった。統合に先駆けて盛岡定期観光バスも岩手県交通の運行となった。これに伴い滝沢営業所は、それまでの鵜飼から岩手観光バス本社車庫に移転している。

　早池峰バスは遠野市との協力関係もあり経営が安定していたため、その後、JRバス遠野管内の廃止の受け皿にもなった。2004年にはJRバスの全面撤退により、定期観光バス「遠野物語めぐり号」を引き継ぎ、観光ラッピング車も登場した。また2003年には花巻、江刺から仙台への2高速バスが早池峰バスに移管されたほか、2004年には本体の管理の受委託の受け皿となり、盛岡都市圏を除く花巻以南6営業所の乗合・貸切バスの業務は早池峰バスに委託され、コストダウンがなされた。本体は平均9.8％の給与カットのうえ30％を占める受委託乗務員を早池峰

マイカー規制に伴い運行された登山シャトル　1998年に一関市で運行を開始した「なの花号」

バスへの出向として雇用を確保、これにより早池峰バスは受託車両311台（うち貸切35台）と乗務員450人を擁する大規模事業者となった。また2000年には市町村有償でスタートした江刺市営バスの業務を早池峰バスが受託した。

　2003年に本社を北上市から盛岡市に移転、盛岡バスセンターの株式を引き受けて筆頭株主となった。2012（平成24）年には株式を国際興業に売却し、盛岡バスセンターは老朽化のため2016（平成28）年にターミナル事業を廃止、建物は取り壊しが決まった。2008（平成20）年には整備部門を分離してヤマト運輸子会社のヤマトオートワークスに譲渡、整備部門の社員も同社に転籍している。また宮城県内での貸切営業を目論み、2008年には貸切専門の宮城営業所を新設した。

■進む路線バスの新たな試み

　車両面では1998年にスロープつき中型ワンステップバスと西日本車体が開発したいすゞエルフベースの小型ワンステップバス「ジャーニーE」を導入したのを最初に、中小型バスによる改善が進められることとなった。2002年にはゾーンバス支線用に小型ノンステップバス、2005（平成17）年には「でんでんむし」に初の中型ノンステップバスが投入された。

　沿線自治体との協調が進み、岩手県交通は1998年の一関市コミュニティバス「なの花号」の受託を皮切りに、1999年には矢巾町コミュニティバス（試行）、2000年には石鳥谷町コミュニティバス（試行）、2001年には水沢市コミュニティバス「Zバス」、陸前高田市コミュニティバス、北上市コミュニティバス「おに丸号」、滝沢市巣子滝沢線（試行）、盛岡市南部都心循環線などを開設している。

　2004年には深夜バスが拡充され、盛岡BCから松園、あすみ野、県立大学、日詰の都市圏4路線と菜園川徳～北上・水沢駅通間の5系統となった。中距離クラスの高速バスも2009（平成21）年に一関～仙台泉プレミアムアウトレット間、盛岡～平泉間、盛岡～花巻温泉郷間が運行されている。

■東日本大震災を乗り越えて

　2011（平成23）年3月11日、東日本大震災が発生し、岩手県は津波被害を受けた沿岸部を中心に甚大な被害を被った。岩手県交通でも高田バスターミナル、釜石東前車庫が完全流失、大船渡営業所は事務所が流失し、整備工場の骨組みだけ

震災からまもない大槌町の赤浜を走る臨時バス　盛岡駅前で乗客を迎える東京行き臨時昼行バス

が残った。車庫に留置中または運行中のバス20台が流失したが、大船渡営業所では現場の機転で運行中のバスおよび営業所内のバスを乗務員が高台の立根操車場に避難させ、多くの車両と乗客の命を救った。被災後に廃車バスを事務所代わりにして業務を行った大船渡営業所は、7月に立根町の国道45号沿いに仮設営業所を設置して移転した。地域の被害が大きく、震災直後の燃料不足もあって、しばらくの間は全域の路線バスが運休となるが、復旧・復興が進み始めると、バスは大きな役割を果たすことになる。

　乗合バスについては、釜石市では市内路線を市の負担で無料運行し、被災した市民の移動をサポート、これにならった形で大船渡市と陸前高田市も臨時路線の無料運行を行った。数ヵ月後には200円均一のコミュニティバスとしての運行に変わっている。また市境を越える路線については県の補助により運行を確保したほか、JR山田線の代行を果たすため、釜石〜浪板海岸間を道の駅やまだまで延長し、岩手県北自動車の路線と接続を図った。仮設住宅が設置されるようになると、3市で仮設住宅と市街地を結ぶ臨時バスが設定された。内陸では約1ヵ月後には通常の運行（しばらくは土休日ダイヤの地区あり）に戻っている。高速バスは広域避難や帰還、家族・知人などの安否確認やサポート、ボランティアの往来などに大きな役割を果たした。とくに盛岡〜東京間は新幹線の寸断もあり、国際興業グループとJRバスの応援体制のもと、大規模な続行運行を実施した。県内の地域間路線も盛岡から大船渡、陸前高田、釜石・大槌、一関から気仙沼、国道343号経由陸前高田・大船渡、大船渡〜釜石間などに臨時路線が設定された。貸切バスは当初の避難輸送に始まり、地域からの依頼による通院バスや浴場バス、被災した学校の仮設や間借りに伴う通学バスなど、総動員で輸送にあたった。

　2013（平成25）年3月にはJR大船渡線がBRTとして再出発するにあたり、JR東日本からの要請により、岩手県交通が同線の受託運行事業者となった。BRT車両14台を預かり、大船渡営業所高田支所を置いて管理することとなった。

■経営基盤の変化と深刻な乗務員不足のなかで

　2003年に親会社の国際興業が米巨大投資ファンド・サーベラスの資本を受け入れたことにより、国際興業グループの行方が不透明になり、融資をしていた金融機関が慎重になる傾向が明らかとなった。経営陣は累積債務返済の調整のため誠

岩手県交通が運行を受託したJR大船渡線BRT

2020年9月に廃止された湯本BC所管の山伏線

実に交渉、負債を減らすために北上駅東口の旧本社跡地などを売却して資金を調達し、債権を国際興業が肩代わりすることで融資の目途がついた。東北のグループ3社（岩手県交通・秋北バス・十和田観光電鉄）の引き受け手が見つからないなか、産業再生機構での再建経験や運輸関係、金融関係のノウハウに造詣の深い国際興業経営企画部長だった本田一彦氏に白羽の矢が立ち、2013年6月に国際興業が3社の株式を分離して国際興業東北を設立、11月に本田氏が同社の株式を引き受けて代表取締役会長となり、国際東北グループとして再出発を果たした。

　しかし当時、震災後の激務も影響したか、事故が頻発していた。事故に歯止めをかけ、徹底した安全対策を行って地域の信頼を取り戻すべく、2013年12月には全車両にドライブレコーダーを設置し、労使の対話のなかで安全確保に最大の努力を注入した結果、2016年ごろには事故は激減し、接遇なども向上した。

　ただしこのころ、震災後の離職や高齢による退職の増加などにより、乗務員不足が深刻化していた。次第にダイヤの確保も難しくなるなか、2014（平成26）年に定期観光バスの運行を終了、2015（平成27）年までに青森線、十和田湖線、大館線、2016年には横浜線と高速バスから撤退、路線バスも北上・湯本・大迫・千厩管内などで廃止が進められた。2018（平成30）年に大迫バスセンターを閉所、2021（令和3）年には湯本バスターミナルも閉所が予定されている。また状況の変化により早池峰バスもコストダウン効果に限界が見えてきたことから、2007年に県南部の管理の受委託を解消（岩手県交通の直営に）、2017（平成29）年に早池峰バスの全事業を岩手県交通に統合し、2018年に早池峰バスを解散した。

■次の時代に向けて

　国際東北グループとして新たな道を歩み始めてからの岩手県交通は、積極的にこれからの時代のバスへ向けた取り組みを行っている。2017年には次世代型・簡易型バスロケーションシステム「バス予報」の実証実験を釜石・アーティサンと共同で実施、同年にホームページ上でジョルダンの経路・時刻・運賃検索システム「ムーブイージー」の提供を開始した。2020（令和2）年1月には釜石地区でこの両者の連携サービスを開始している。

　2019（平成31）年には国のグリーン化事業を活用して中国BYD製電気バスを1台導入、盛岡駅〜イオンモール盛岡南で稼働開始した。矢巾営業所に充電装置を

本体に戻った遠野に新製された日野ポンチョ

2019年に盛岡市内に導入されたBYD製電気バス

設置し、実用性に問題がなく、逆に充電装置の効率的利用が望まれることから、2020年には2台めを追加している。

このほか2016年以降、「でんでんむし」といわて花巻空港連絡バスを最初にホームページ情報や車内表記に多言語化を進めているほか、2019年には西鉄グループが開発したスマートバス停を盛岡バスセンター前（ななっく前）に試験導入、その後、ななっくの閉店に伴い盛岡駅前13番乗り場に移設した。

導入後20年以上を経過した磁気カードシステムが限界の様相を呈するなか、ICカードの導入が懸案となっていたが、検討を進めるなかで大船渡線BRTの受託の縁もあり、2019年、「でんでんむし」に大船渡線BRTですでに運用している「オデカ」を試行導入した。そしてさらにさまざまな検討を経て、2020年1月、JR東日本の「地域連携ICカード」によるIC乗車券サービスの提供について合意に至った。2021年春のサービス開始を予定している。

高速バスは盛岡〜東京線の渋谷マークシティ乗り入れや各路線への幅運賃制、Wi-Fi導入など、新たな動きを見せる一方、〈イーハトーブ号〉は2018年から週末運行に切り替えるなど、実態に合わせた改変が進むなか、安定した好調ぶりを見せている。また一般路線は乗務員不足もあって、2020年にも盛岡〜湯本間、北上〜湯本間、北上〜口内間などが廃止を余儀なくされ、縮小傾向は否めないものの、オムニバスタウン以来の盛岡市との連携のもと、バスの復調傾向が見られるとともに、滝沢市や北上市など、行政との連携体制も強化されつつある。車両面でも中古車の導入を含めてではあるが、乗合バスでは低床バスへの切り替えが進み、高速バス・貸切バスでは最新モデルの比率が高まって体質改善が進んだ。

さまざまな取り組みの成果や行政との協働体制、労使協調が功を奏し、1990年代半ばごろからは経営的にも黒字基調で推移している。盛岡都市圏では他の地方都市に比べてバスへの依存度は明らかに高く、オムニバスタウン事業とともに20年ほど前に設定された標語「バスはぼくらのスニーカー」を地で行くシーンが見られるだけに、地方バスの雄としての発展が期待される。

参考＝ 『岩手のバスいまむかし』、岩手県バス協会・岩手中央バス・花巻バス社史、岩手県交通提供資料

すずき・ふみひこ◎1956年、甲府市生まれ。東北大学理学部地理学科卒業、東京学芸大学大学院修士課程（地理学）修了。以後、交通ジャーナリストとして活躍し、バス・鉄道に関する著書・論文など多数。

岩手県交通バスのいる風景

text&photo ■ 編集部

盛岡駅東口のロータリーは岩手県交通バスの一大拠点。2019年に導入された電気バスも早朝から姿を見せる

滝沢市役所近くの新興住宅・滝沢ニュータウン。背後に見上げる岩手山が、雪をいただく季節がやってきた

1998年に設置された岩手県立大学。近くの盛岡大学とともに、岩手県交通が学生の大切な足となっている

およそ3,000haの敷地を有する小岩
井農場。そのうち40haが開放され、
観光客を乗せたバスが発着している

花巻温泉の奥に位置する台温泉。坂
上田村麻呂が発見したと言われ、南
部藩主もたびたび通ったという名湯

磐井川中流の厳美渓は奇岩と深淵が
織りなす景観が魅力。桜の名所とし
ても知られ、多くの観光客が訪れる

末崎半島の付け根に広がる門之浜湾は東日本大震災で防潮堤が倒壊。現在は新たな防潮堤が完成している

かつて鉄鉱石の積み出しで賑わった陸中大橋駅。無人駅となった今も、日鉄鉱業のホッパーが残っている

JR釜石線の宮守川橋梁は通称〝めがね橋〟。夜にはライトアップされ、『銀河鉄道の夜』の世界を思わせる

遠野物語とイーハトーブ

▲「宮沢賢治記念館」入口を横目に走る土沢線
◀(上)南部曲がり家が保存されている遠野「伝承園」。軒先には晩秋の風物詩の吊るし柿も
(下)色づいたもみじの下にある宮沢賢治詩碑

text ■ 谷口礼子　　photo ■ 編集部

　岩手・遠野地方には古くから多くの昔話が伝わっている。自然のなかに何かの気配を感じたり、不思議な生き物が棲んでいると信じたり、動物と心が通じたり。岩手出身でない人にも "ふるさと" を思い浮かばせる懐かしい物語が生まれた土地は、童話作家の宮沢賢治が愛した "イーハトーブ" でもあった。寒い冬が育てた温かい物語を乗せ、岩手県交通のバスは今日も走る。

たにぐち・れいこ◎1983年、横浜市生まれ。早稲田大学文学部卒業。オリオンズベルトに所属し、女優・ライターとして活動する。

遠野

盛岡 大船渡線	盛岡駅前 7 ：05 遠野駅前 8 ：57

晩秋の朝の急行バスで遠野をめざす

　まもなく冬を迎える盛岡駅前。木曜日の朝7時、ロータリーを回る岩手県交通のバスたちは、さまざまな色や形で目にも楽しい。県交通にやってきた年代によって、同じ緑でも色味が微妙に違う。地方都市でありながら、通勤にバスが活躍しており、本数も系統も多いのが頼もしい。私の前に到着したバスは青い帯の観光バスタイプで、長距離を走る急行・大船渡行きである。「もとは京急のリムジンバスだった車両です」と編集長の加藤さんに教わりつつ、さっそく磁気式のバスカードを機械に通して乗り込んだ。5,000円で5,700円分使えるお得なカードである。

　朝の天気は薄曇りだったが、予報によれば昼間は晴れも期待できる。街路樹のいちょうはほとんどの葉を落とし、枝にわずかに残った葉の濃い黄色が、雪国の短い秋の終わりを告げていた。タワーマンションのふもとを走り、東北新幹線が走り抜ける高架をくぐる。都会的な風景のすぐ脇を濃紺の北上川が流れ、雲の切れ間からオレンジ色の朝陽がうっすら透けて見えた。

　日赤病院前で看護師さん風の女性3人を降ろすと、乗客は私たちだけになった。道路標識に「遠野」の文字を見ながらバスに揺られる。朝もやのなかに黒々と針葉樹の影が浮かび上がる。「冬用タイヤ、早めの装着を！」としきりに警告する道路脇の標識は、早ければ来週には積雪があるかもしれないと、ドライバーに注意を促している。

▼ 盛岡駅前8番乗り場から盛岡大船渡線の急行バスに乗車。所要3時間の長距離路線なので、米田交差点前でトイレ休憩をとる

▲ JR釜石線の宮守川橋梁（めがね橋）をくぐ
ると、およそ30分で遠野駅前に到着する

▼ 最初に訪ねたのは「遠野城下町資料館」。
南部家の城下町として栄えた歴史を学ぶ

　枯れ色の田んぼ、真っ赤なりんごの実がたわわになる果樹園、朝陽に光るススキの穂を横目に進めば、いつのまにか車内にまで山のにおいが忍び入ってきた。遠野市に入る。8時15分、米田交差点前でトイレ休憩。バスを降りて初めて吸う遠野の空気は冷たく、見上げた空は高かった。青空に秋雲が飛んでいる。気温は8℃、山のなかほどから裾野にかけてはまだ紅葉が残る。

民話のふるさとで生の語りに触れる

　遠野駅前のバス停はJR遠野駅の並びにあり、古い駅舎の瓦屋根に合わせて瓦葺きの景観に統一されていた。存在感のある駅の風景に歴史を感じる。ここ遠野に鉄道（現在のJR釜石線）が通ったのは1914（大正3）年、岩手軽便鉄道としての開業であった。駅前通りを歩き、軒先に吊るされた干し柿を横目に「遠野城下町資料館」へ。まずは遠野の歴史を学ぶことにしよう。盛岡藩の重臣を代々務めた南部家のお膝元・遠野は、内陸と沿岸を結ぶ交易の拠点として、江戸時代から商家が建ち並ぶ賑やかな町だったという。

　もう20年近く前、大学時代に民俗学に多少の興味を持った私は、ここ遠野地方に伝わる民話や伝承を集めた民俗学者・柳田國男の『遠野物語』を読む講義に出入りしていた。古い大教室の薄暗い2階席から見下ろしたスクリーンには、確か白黒の農村の風景写真が映し出されていた。おかげで遠野というのはよほど辺鄙な田舎だと思っていたが、どうして、元禄文化が花開いた城下町だというから驚いた。実は1910（明治43）年に『遠野物語』を著した柳田自身も、民話のなかの遠野のイメージと、実際に訪れた遠野の町の賑わ

いにギャップを感じたという。しかしさまざまな土地の人が交わる地で育まれた物語は、より普遍的な"日本の原風景"を今に伝えることになった。

「とおの物語の館」では、その昔話を遠野方言の音声と映像で体感でき、時間によっては「語り部」による生の昔話を聴くことができる。「むがす、あったずもな……」。語り部の細越澤史子さんが温もりある方言と柔らかい笑顔で語る物語の意外なユーモアに、聴衆からはしきりに笑い声が湧いた。

敷地内には柳田國男が遠野滞在時に定宿とした「高善旅館」が移築されている。軽便鉄道開業前夜の1909（明治42）年、上野から夜行列車と人力車で21時間かけて遠野を訪れたという旅の行程が興味深い。まさにその旅の紀行文として著したのが『遠野物語』のあの美しい序文であると思えば、今日の自分の仕事を思って背筋が伸びる。

▲ 「とおの物語の館」の昔話蔵では、昔話を切り絵やイラスト、映像などを使って紹介
▼ 遠野座では語り部から生の昔話が聴ける。向かい側には移築された「高善旅館」も

| 土淵線 | 遠野駅前12：26 |
| | 伝承園12：51 |

郷土料理を味わい農村の生活を知る

遠野駅前から、カッパのイラストがついた黄色い小型バスに乗る。運転士の佐藤正一さんは気さくな方だった。「今日は木曜だからお客さんはあまり乗りませんよ。火・水・金はどこまで行っても200円だからたくさん乗るんですけどね」。運賃表を見ると、距離によってはかなりお得になるようだ。「買い物は200円バスの日にして、浮いたお金で刺身でも買って一杯やるかな、という感じでね」と聞けば、買い物帰りの笑顔であふれるバスのなかの光景が目に浮かび、こちらも笑顔になってしまう。陽射しは暖かく、乗客のおばあさん同士が「暑くてこんなもの

▲ 遠野駅前に戻って土淵線に乗車。地元のおばあさんたちの会話に耳を傾けながら、茅葺き屋根の待合小屋が建つ伝承園バス停へ

▼ 主屋と厩舎がひとつになっている南部曲り家の「旧菊池家住宅」。内部には繭玉から糸をとる体験コーナーも設けられていた

着て歩けねえ、脱いだどもよ」と毛糸の上着を見せ合っている。遠野の言葉は街のなかで今も元気に生きていた。「伝承園」は遠野の農家の生活様式を今に伝える施設で、南部曲がり家と呼ばれる古民家「旧菊池家住宅」（国指定重要文化財）が保存されている。遠野の農家では馬をとくに大切にして、ひとつ屋根の下に家族と同じように馬の部屋（厩舎）を設けていた。馬と人間が深い絆で結ばれていたからこそ生まれた悲しい物語「オシラサマ」は、『遠野物語』でも紹介された、最も有名な遠野民話のひとつだろう。──ある家のひとり娘は子どものころから馬と深く愛し合っていた。娘が年ごろになると、その関係をよく思わない親が馬を殺してしまった。嘆き悲しむ娘を皮だけになった馬が風に乗って連れ去ってしまう。やがて親の夢枕に立った娘は「春になれば臼のなかに馬の頭をした虫が湧くから、その繭から糸を取って暮らしてほしい。親孝行できなかった自分のせめてもの恩返しだ」と言う。そのとおり絹織物をつくって生業にした親は、娘と馬の頭の形をした二体の人形を「オシラサマ」と名づけ、心を込めて祀った──。養蚕もこの地域の大切な営みのひとつであった。

　併設のお食事処で昼食にする。「三穀汁定食」（1,300円）は、郷土料理の「ひっつみ」と「けいらん」がもの珍しい。「ひっつみ」は練った小麦粉を"ひっつまんで"汁に入れたことが由来で、すいとんのような食感だ。ごぼうと鶏肉のだしがたっぷり出たしょうゆ味のつゆが身体に染み渡る。お椀に入った「けいらん」は「卵に見せたのをお湯に入れたものです」と説明されたが、食べてびっくり、こしあんが入

った卵型の餅菓子だった。遠野の地ビール「ズモナビール」はフルーティーな香りが爽やかだ。日本有数のホップの産地である遠野ならではの香り高いビールに、「〜ずもな」という方言を冠した、地元愛あふれる逸品である。

伝承園にはまた、「佐々木喜善記念館」がある。遠野出身の佐々木喜善は柳田國男に『遠野物語』を書くきっかけを与えた人物で、農村に伝わる民話や伝承を初めて"昔話"と呼んだ人である。小説や創作の世界に憧れを抱きながらも、故郷遠野で昔話をコツコツ集め、華々しくはない生涯を送った喜善は、死後"日本のグリム"と呼ばれることになる。48歳で没した喜善が最後の数年間、とくに親交を深めたのが、隣の花巻出身の宮沢賢治だった。農業と芸術を愛した賢治もまた、このころは故郷の花巻で最後の数年間を送っていた。ちょうど10歳年下の賢治を喜善は何度も花巻まで訪ね、文学や信仰、民俗について語り合ったという。2人の命日がたった8日違いということにも不思議なつながりを感じ、明日は花巻を訪れる今回の旅が、何か特別な縁で結ばれているような気がした。

▲ 囲炉裏の火が温かい「旧菊池家住宅」。別棟のお食事処の囲炉裏端の席で、郷土料理の「ひっつみ」や「けいらん」を味わう
▼ 『遠野物語』の話者・佐々木喜善の記念館も見学。柳田國男や宮沢賢治など喜善を取り巻く人々との交流について詳しく知る

| 附馬牛線 | 足洗川16：48 |
| | 遠野駅前17：05 |

自然のなかに今も息づく不思議な伝説

伝承園から歩いて7〜8分、常堅寺の裏手に、『遠野物語』にも登場するカッパが現れたと伝わる「カッパ淵」がある。寺へ続く農道の両脇は、高い支柱を立て、ネットを張り巡らせた特徴的な畑だ。ここは先ほど味わったビールの原料となるホップ畑で、夏にはグリーンカーテンと呼ばれる緑の壁がそびえ立つ。高さは5mにもなるらし

▲ 「伝承園」近くの常堅寺。カッパ淵のカッパが寺の火事を消して狛犬になったという

▲ 『遠野物語』にも描かれているカッパ淵。いかにもカッパが現れそうな雰囲気だった

▼ 夕闇に包まれた足洗川バス停から、附馬牛（つきもうし）線のバスで遠野駅前に戻る

いが、今は枯れ野といった風情で、来る雪の季節に備えている。

15時半を回り、冬の近づく遠野の太陽はもう夕陽の色だ。白木の山門と仁王像が印象的な常堅寺の境内を抜け、裏手に回ると、小川沿いの道は薄暗い。いかにもカッパが登場しそうである。「カッパ淵」には小さな祠が祀られ、許可を得てカッパ釣りをする人のために釣り竿が用意されていた。勇気のある者は糸の先にきゅうりをつけて川へ投げ込むらしい。昔話のなかでは川からカッパが上がってきて、馬を淵に引きずり込もうとした。うっそうとした川岸に佇むと、この雰囲気は何だろう。川だけでなく、まわりの樹々や空、風の音から何か目に見えないものを感じるような、不思議な感覚を呼び起こされる。私は梢や川面の写真を何枚も何枚も撮った。どこかに何かが写るような気がしたのである。

足洗川の停留所でバスを待つうち、あたりは夕闇に包まれた。定時。ヘッドライトを眩しく光らせて小型バスがやってくる。ドライバーは真山るみ子さん。低く優しいアナウンスの声にほっとしながら駅まで送ってもらう。夜の遠野駅を三日の月が照らしていた。

大迫

盛岡 大船渡線	遠野駅前17：36 大迫BT18：32

ワイン名産地の親切なホテルに投宿

遠野駅前から、朝来た道を戻る盛岡行き急行バスに乗った。大船渡から帰ってきたバスの運賃表はすでに1,300円を超えている。これだけ長距離なのに、遅れはたった6分ほど。正確なバ

スの運行には頭が下がる。道中、虹色にライトアップされた釜石線の宮守川橋梁（通称：めがね橋）をくぐるのが見どころだ。大迫バスターミナルに着くころには足元からしんしんと冷えがやってくる。暖かい日だったが、夜の冷え込みはさすがに岩手である。

　大迫は遠野駅と花巻市中心部のちょうど中間点に位置する、ぶどうとワインの産地である。今夜は、ワインシャトー「エーデルワイン」が経営するレストランとホテルに滞在する。私たちがバスで着くと知って、ホテル「ベルンドルフ」のスタッフさんがわざわざバス停まで車で迎えに来てくれた。普段はやっていないサービスだというが、歩けば20分以上かかり、そのうえホテルはぶどう畑の広がる丘の中腹なので、暗い時間に到着した私たちにとってはとてもありがたかった。

　夕食はホテルに隣接する「レストランベルンドルフ」で、「花巻産白金豚のソテー」（1,500円）と「いわて銀河葡萄園」という赤ワインを愉しんだ。宮沢賢治の世界を思わせる名前に惹かれて注文したが、味も素晴らしく、素材の良さが伝わる料理とお酒だった。

▲ 盛岡大船渡線の急行バスでワインの産地・大迫へ。「レストランベルンドルフ」で赤ワインとポークソテーのディナーを楽しむ
▼ 宿泊はレストランの隣にある「ホテルベルンドル」。周囲にぶどう畑が広がっている

花巻

大迫 花巻線	ぶどう沢 8 : 34
	イギリス海岸 9 : 09

モノクロのイギリス海岸に賢治を探す

　明け方から屋根にあたる激しい雨音で何度か目が覚めた。2週間以上降っていなかった、久しぶりの雨だという。稗貫川（ひえぬき）に近い雨の停留所でバスを待つ。その名も「ぶどう沢」。どこかファンタジーを感じる停留所名が、宮

▼ 翌朝はぶどう沢バス停から大迫花巻線に乗車。川霧がのぼる「イギリス海岸」を散歩

沢賢治を追いかける今日の旅の始まりにぴったりだ。もとは京成バスで走っていたワンステップの大型バスがやってきた。大きな4枚折戸が、多くの通勤客の乗降に使われていたことを物語るが、今は岩手でのんびり余生を送っている。暖房が入り、車内は暖かい。バスは稗貫川に沿って川を下り、やがて合流した北上川とともに走った。曇った窓を袖で拭いて外を見る前の席のおばあさんにならい、そっと指でガラスの曇りを拭いてみる。1日ぶりの北上川は冬を思わせる深い色だった。川沿いは平坦な土地で、広大な田園風景が広がる。イギリス海岸でバスを降りると、運良く雨はやんでいた。

　賢治の時代、このあたりの北上川は今よりも水量が少なく、よく川底の白い泥岩が露出した。その景色を賢治流に名づけたのが「イギリス海岸」で、今はその面影を見出すことは難しい。それでも川面近くに降りると、雨上がりの北上川には川霧がのぼり、対岸の樹々が霧の上に浮かび上がっている。「今日のイギリス海岸はモノクロでした」と私は心のなかで賢治に呼びかけた。賢治の姿を求めてこの場所に来るのは3度めだったが、季節が違い、天候も違えば毎回見える風景が変わり、また新しい感動が沸き上がるものだ。

花巻
温泉線　**イトーヨーカドー10：35**
　　　　賢治詩碑前10：50
雨ニモ負ケズ詩碑を雨にも負けず訪問

　地方でバス乗り継ぎをするときは、ショッピングモールのバス停に注目するとよい。買い物に必要な生活路線が多く発着しているため、ショッピングモールを経由すれば、別の路線に乗り継ぎできるのである。イギリス海岸か

ら徒歩約10分のイトーヨーカドーで、次の目的地・賢治詩碑前行きのバスを待った。さまざまな行き先のバスが発着するなか、私たちが乗るのは花巻温泉線である。6人ほどいた乗客は観光客ではなく、駅や街の中心部へ行く地元の人たちだった。終点の賢治詩碑前まで乗ったのは私たち2人だけ。運転士さんにお礼を言って降車すると、今度は雨がしとしと降っていた。

　傘をさして詩碑前まで歩く。ここは賢治が自耕生活をしながら「羅須地人協会」という私塾を始めた家の跡地である。舗装していない細道を、水たまりをよけながら行くと、詩碑の脇、かつて玄関があった場所に出る。賢治に農業相談に行った人たちも、この道を歩いたことだろう。詩碑の上に、大木のもみじが真っ赤に色づき、しだれるように散り始めていた。「雨ニモ負ケズ」を刻んだ詩碑を見ながら、雨に降られている今日の旅を思って、少し苦笑いである。晴れの日ばかりが良い旅とは限らない、雨には雨の意味がある、と小さく自分を奮い立たせた。

| 花巻温泉線 | 賢治詩碑前11：50 上町11：57 |

賢治が愛したメニューで身体を温める

　折り返しのバスで市街の中心・上町まで。座席には横浜ベイブリッジとマリンタワーの柄がついている。わが地元・横浜市営バスの中古車だけは私でも判別できるのが嬉しい。街に響く正午の音楽を耳にしながら、賢治の生家にほど近い「嘉司屋」に入る。花巻農学校の教師時代、賢治がよく食べにきたというメニュー「かしわ南蛮」（700円）と冷酒「南部美人」を頼んで待つと、ほどなくして店は満席に。順番待

▲ イギリス海岸から1停留所のイトーヨーカドーまで歩き、花巻温泉線のバスに乗る

▲ 宮沢賢治の私塾「羅須地人協会」跡に建つ「雨ニモマケズ」の詩碑。見下ろす北上川のほとりに賢治自耕の地（下ノ畑）がある

▼ 江戸時代の同心家屋が残る賢治詩碑前バス停から、花巻温泉線のバスで市街の中心へ

▲ 宮沢賢治の生家に近い「嘉司屋」で、賢治がよく食べたという「かしわ南蛮」を注文

▼ 土沢線で上町から宮沢賢治記念館口へ移動

ちの行列ができる繁盛店である。

　お酒を飲まない賢治の乾杯はもっぱらサイダーだったと聞くが、私と加藤さんは二戸の地酒で小さく乾杯。さっそく「かしわ南蛮」にとりかかると、鶏肉が柔らかくしっとりとして絶妙なおいしさである。蕎麦の太さもコシもちょうど良く、汁の濃さとマッチしている。薬味をたっぷり使って、蕎麦湯まで味わい尽くした。雨で冷えた身体は、いつのまにかポカポカだ。

| 土沢線 | 上町13：34
宮沢賢治記念館口13：47 |

推敲を重ねた原稿用紙ににじむ真心

　土沢線で宮沢賢治記念館口まで乗車した。乗客は私たちのほかに６名ほどで、高齢な人が多い。降車時に運転士さんから手渡されたのは「土沢線バス利用者証（施設優待券）」。この利用者証を見せれば、１日に限り表記の５つの施設にすべて無料で入れるというもので、これから見学する「宮沢賢治記念館」と「賢治の学校」も含まれている。バスを利用したご褒美に、特別な切符を手に入れた私たちは、意気揚々と「宮沢賢治記念館」をめざした。

　記念館へは、驚くほど長い階段を上らなければならない。あまりにも長いので、お客が途中でへばってしまわないよう、367段あるという階段の１段１段に数字（段数）が貼り出されているほどだ。加藤さんは「以前１人で来たときは心が折れそうになりました」と、息をつきながら階段を上る。私も息を切らせながら上り切った。頂上の展望台から、森向こうの山のふもとに広がる田畑が優しく小さく見渡せる。冬のにおい。景色を見ながら、心のなかで「イーハトーブ」とつぶやいてみ

る。賢治が故郷岩手をモチーフにし、心のなかの理想郷のことを呼んだ言葉だ。実際の自然を前にすると、この不思議な言葉がとてもしっくりくる。

受付にバス利用者証を出すと、当日の日付のスタンプを押してくれる。これでこの日一日は、無料で施設が利用できる。宮沢賢治記念館では「科学」「芸術」「宙（そら）」「祈」「農」の5つの切り口から賢治の思想や表現を理解する展示を行っている。賢治が残した原稿やスケッチ、愛用品を見ながら、当時の花巻や賢治の心境を想像した。賢治はどの作品も決して"完成"とせず、刊行されても掲載されても、さらに直しを入れて改良し続けたという。現代の作家であれば、パソコン上での推敲の段階はほとんど消えてなくなってしまうわけで、どれだけの推敲を重ねたものかは知る術がないが、紙に手書きしていた時代は、その経緯がすべて見えてくる。目に見えない心象世界を切り取り、心を込めて表現しようとする生々しい戦いの跡が残る原稿用紙。その向こうに見え隠れする頑固で素直で繊細な賢治の姿に、親しみと畏怖を同時に覚える時間だった。

| 土沢線 | 宮沢賢治記念館口16：27 |
| | 新花巻駅前16：29 |

いつのまにか迷い込んだイーハトーブ

記念館の長い階段を下るとき、少し足がガクガクしていたのは内緒である。先ほど降りた停留所を挟んだ向かい側に、「宮沢賢治童話村」がある。『銀河鉄道の夜』を思い出させる「銀河ステーション」と書かれた門をくぐると、野原と丘と小さな森の一帯がそのまま賢治童話の世界になっていた。「賢治の学校」と呼ばれる建物には、

▲ バス停から367段の階段を上って「宮沢賢治記念館」へ。5つの切り口で展示された原稿やスケッチ、愛用品などを観賞する

▼ 続いて「宮沢賢治童話村」へ。『銀河鉄道の夜』の世界を思い出させる「銀河ステーション」を抜け、「賢治の学校」をめざす

▲ 宮沢賢治の作品世界を表現した5つの部屋を体感する。その先にはストーリーをジオラマや絵本で紹介するコーナーもあった

▼ 閉館を告げる音楽に送られて土沢線のバスに乗り、夕闇せまる新花巻駅前に到着した

バス利用者証を見せれば無料で入館できる。5つある部屋はそれぞれ賢治の作品世界を表現している。映像や音楽、鏡や布などのさまざまな素材、そして照明の力で、空を飛んだり、星空を漂ったり、虫の世界に迷い込んだり、水中に潜ったりという情景を想像・体感できる。子ども向けと思われるかもしれないが、想像力を働かせることが好きな大人はたっぷり楽しむことができる。『やまなし』や『おきなぐさ』、『カイロ団長』に『よだかの星』など。たっぷりと大好きな賢治の童話世界に浸った。建物を出ると、薄暮の童話村に大音量で音楽が鳴り響いた。山にまでこだまする閉館の合図だ。音楽に送られて野原を過ぎ、小川を越えて、童話村をあとにする。オレンジ色の明かりを灯した銀河ステーションの門をくぐれば、夜のバス停である。

　雨上がりの足元に散らばっているのは、どんぐりだった。1つ拾ってバスを待つ。閉館とともに出た2人の女性と同じバスだ。濡れた路面にヘッドライトを反射させながら、土沢行きのバスが滑り込んでくる。新花巻駅前まではたった2分だが、先ほどの賢治の学校で想像力のスイッチが入ったのか、薄暗いバスの車内にいるだけで、時間や空間を飛び越える特別な乗り物に乗っているように思えてくるから不思議であった。まもなくして、21世紀の超特急が停車する新花巻駅前に、私は降り立った。いつのまにか迷い込んでいたイーハトーブの世界から、岩手県交通のバスで現実世界に戻ってきたというのが本当かもしれない。手に残ったどんぐりをそっとポケットにしまい、白く明るい現代に歩みを進めた。

〔2020年11月19〜20日取材〕

BUSJAPAN HANDBOOK SERIES

No	タイトル（その他の収録事業者）	発行年
S87	都営バス	2015年発行
S88	京都バス・京福バス（グループ３社）	2015年発行
S89	東武バス・東野バス（グループ６社）	2015年発行
S90	越後交通（グループ２社）	2015年発行
S91	朝日バス（グループ８社）	2016年発行
S92	奈良交通（グループ１社）	2016年発行
S93	福島交通	2016年発行
S94	箱根登山バス・東海バス（グループ６社）	2016年発行
S95	広電バス（グループ１社）	2017年発行
S96	関鉄バス（グループ３社）	2017年発行
S97	名鉄バス（グループ２社）	2017年発行
S98	小田急バス・立川バス（グループ２社）	2018年発行
S99	小湊バス・九十九里バス	2018年発行
S100	北海道中央バス（グループ３社）	2018年発行
V101	京阪バス（グループ２社）	2019年発行
V102	京成バス（グループ６社）	2019年発行
V103	新潟交通（グループ２社）	2020年発行
V104	阪急バス（グループ２社）	2020年発行
V105	岩手県交通	2021年発行
V106	神奈川中央交通（グループ３社）	次回刊予定

定価1,100円（本体1,000円＋消費税）

送料 180円（1〜3冊） 360円（4〜6冊）

【ご購読方法】

ご希望の書籍のナンバー・タイトルを明記のうえ、郵便振替で代金および送料を下記口座へお振込みください。折り返し発送させていただきます。

郵便振替口座番号：00110-6-129280　加入者名：BJエディターズ

※お申し込みの際には、必ず在庫をご確認ください。

※在庫および近刊、取扱書店等の情報は、ホームページでもご覧いただけます。

BJハンドブックシリーズ V105

岩手県交通

ISBN978-4-434-28432-8

2021年1月20日発行

編集・発行人　加藤佳一

発行所　BJエディターズ　☎048-977-0577
〒343-0003　埼玉県越谷市船渡360-4
URL　http://www.bus-japan.com

発売所　株式会社星雲社　☎03-3868-3275
（共同出版社・流通責任出版社）
〒112-0005　東京都文京区水道1-3-30

印刷所　有限会社オール印刷工業

終点の構図

碁石海岸
GOISHI-KAIGAN

　三陸鉄道の盛駅前を出たバスは、JR大船渡線BRTの専用道と絡み合うように走り、碁石海岸口駅の先で県道から左折して末崎半島に入る。と、前方の眼下にぐるりと防潮堤を張り巡らせた門之浜港が広がった。まだ新しい防潮堤のコンクリートの白さがまぶしい。

　2011年3月11日の東日本大震災は、美しい三陸の景観を一変させた。門之浜港では高さ8.5mの防潮堤を越え、およそ13mの高波が押し寄せ、引き波も加わって防潮堤を倒壊させた。津波の脅威を先人から教わり、それなりの備えをしていたはずの三陸の人々。しかし今回の高波は、その想像を上回る規模で大きな被害をもたらしたのだ。

　次の春、震災からちょうど10年になる三陸。バスの車窓に更地が広がる箇所もあり、まだ復興途上ではあるけれど、港の防潮堤や嵩上げされた大地の道路と住宅など、新しい町並みが着実に築かれつつあることが実感できる。

　バスの終点の碁石海岸は、碁石のような黒い玉砂利の浜辺と海蝕による洞門・洞穴などからなる景勝地。松林を抜けた展望台の風景は、まるでここだけ何も起こらなかったかのように震災前と変わらなかった。真っ赤なヤブツバキが、まもなく花開くことだろう。

〔2020年11月17日取材〕

text&photo ■ 加藤佳一

岩手県交通の路線エリア　(2020年10月1日現在)

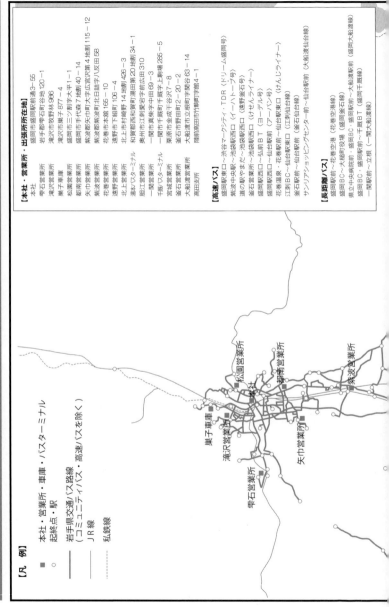

【凡　例】

■　本社・営業所・車庫・バスターミナル

○　起終点・駅

―　岩手県交通バス路線
　（コミュニティバス・高速バスを除く）

―　JR線

‥‥‥‥　私鉄線

【本社・営業所・出張所所在地】

本社	盛岡市盛岡駅前通3−55
雫石営業所	岩手郡雫石町七ツ田18−6
滝沢営業所	滝沢市牧野林936
巣子車庫	滝沢市巣子877−4
松園営業所	盛岡市三ツ割字大平1−1
都南営業所	盛岡市手代森7地割40−14
矢巾営業所	紫波郡矢巾町大字広宮沢第4地割115−12
紫波営業所	紫波郡紫波町北日詰字八反田58
花巻営業所	花巻市木鏡165−10
遠野営業所	遠野市下組町106−4
北上営業所	北上市村崎野14地割426−3
湯口営業所	和賀郡西和賀町湯田第20地割34−1
一関営業所	奥州市江刺区愛宕字中田69−3
千厩営業所	一関市室根町折壁字上蛇畑285−5
宮城営業所	栗原市金成字千谷沢7−8
釜石営業所	釜石市野田町2−20−2
大船渡営業所	大船渡市立根町字関谷63−14
高田支所	陸前高田市竹駒町字細屋4−1

【高速バス】

盛岡駅東口〜渋谷マークシティ・TDR〈ドリーム盛岡号〉
紫波中央駅西口〜池袋駅西口〈イーハトーブ号〉
道の駅やまだ〜池袋駅西口〈遠野釜石号〉
釜石営業所〜弘前駅西口〈けせんライナー〉
盛岡駅西口〜仙台駅前BT〈ヨーデル号〉
盛岡駅西口〜仙台駅前〈アーバン号〉
花巻温泉・花巻駅東口〜仙台駅東口〈けんじライナー〉
江刺BC〜仙台駅東口〈江刺仙台線〉
釜石駅前〜仙台駅前〈釜石仙台線〉
サンリアショッピングセンター前〜仙台駅前〈大船渡仙台線〉

【長距離バス】

盛岡駅前〜花巻空港（花巻空港線）
盛岡BC〜大槌町役場（盛岡釜石線）
県立中央病院前・盛岡駅口〜大船渡駅前（盛岡大船渡線）
盛岡BC・盛岡駅前〜千厩BT（盛岡千厩線）
一関駅前〜立根（一関大船渡線）